Beck'sche Reihe
BsR 413

Sagen Kunstwerke etwas über das Leben der Menschen aus, in deren Welt sie entstanden? Können wir aus ihrer Betrachtung etwas für unsere Zeit und uns selbst lernen? Diesen Fragen geht der bekannte Historiker-Demograph Arthur E. Imhof hier in ungewöhnlicher Form nach. Ausgehend von der persönlichen Betrachtung einer Madonnenstatue aus dem 13. Jahrhundert, eines Flügelaltars aus dem 15. Jahrhundert, einer Kupferstichserie der „Ars Moriendi" aus dem 15. Jahrhundert und einer medizinischen Aufklärungsschrift aus dem 18. Jahrhundert, versucht er zu erzählen, wie das alltägliche Leben, die Freuden und Nöte der Menschen ausgesehen haben könnten, an die sich diese Bilder ursprünglich richteten. Er zeigt darüber hinaus, wie jeder Leser bei der Betrachtung solcher historischer Werke seine Phantasie entfalten und daraus Nutzen für die Erfüllung seines eigenen Lebens ziehen kann.

Arthur E. Imhof, geb. 1939, ist Professor für Sozialgeschichte der Neuzeit an der Freien Universität Berlin.
Bei C.H.Beck sind folgende seiner Werke erschienen: Einführung in die Historische Demographie (1977); Die gewonnenen Jahre (1981); Die verlorenen Welten (1984; ²1985); Die Lebenszeit (1988); Reife des Lebens (1988).

ARTHUR E. IMHOF

Geschichte sehen

Fünf Erzählungen nach historischen Bildern

VERLAG C.H.BECK MÜNCHEN

Mit 27 Strichzeichnungen im Text

CIP-Titelaufnahme der Deutschen Bibliothek

Imhof, Arthur E.:
Geschichte sehen : fünf Erzählungen nach historischen Bildern / Arthur E. Imhof. – Orig.-Ausg. –
München : Beck, 1990
(Beck'sche Reihe ; Bd. 413)
ISBN 3 406 34005 9
NE: GT

Originalausgabe
ISBN 3 406 34005 9

Einbandentwurf von Uwe Göbel, München
Umschlagbild: Blockbuch ‚Ars moriendi'; Trost durch Demut (Handschriftenabteilung der Staatsbibliothek Preußischer Kulturbesitz Berlin)

Gesamtherstellung: C. H. Beck'sche Buchdruckerei, Nördlingen
Printed in Germany

Inhalt

Einleitung 7

1. Naters (Wallis), Mitte 13. Jahrhundert 15

2. Köln, um 1410/1420 30

3. Oberrhein, zweite Hälfte 15. Jahrhundert 59

4. Schweden, 1760er Jahre 93

5. Zürich, 1988 115

Nachwort 140

Hinweise 153

Verzeichnis der Abbildungen 181

Den Kollegen
von der Banaras Hindu University in Varanasi/Indien
und von
der Estnischen Akademie der Wissenschaften in Tallinn
gewidmet.

Sie öffneten mir neue Welten.

Einleitung

Dieses Buch ist ganz aus der Forschung der letzten Jahre entstanden. Aber davon merkt der Leser hier wenig. Vielmehr habe ich die fünf Geschichten, die ich im folgenden erzähle, weitgehend ‚erfunden'. Erfunden allerdings als ein Historiker, der die Hintergründe kennt. Außerdem sind mir die Orte der Handlungen vertraut. Die erste und die letzte Geschichte spielen in der Schweiz, die zweite und dritte in Deutschland, die vierte in Schweden. In der Schweiz bin ich aufgewachsen und habe ich studiert. In Schweden weilte ich jahrelang als Lektor und zum Weiterstudium und seitdem immer wieder. Und in Deutschland bin ich seit fast zwanzig Jahren an einer Universität tätig. Diese Länder kenne ich in Europa am besten. Hier habe ich meine Wurzeln. Wenn die ersten Geschichten, die zeitlich am weitesten zurückreichen, Bezug auf die ‚christliche Weltanschauung' nehmen, dann hat das wenig mit meiner ‚Religiosität' zu tun, viel dagegen mit dem Boden, auf dem ich stehe.

Mein Forschungsgebiet ist die ‚Historische Demographie'. Sie befaßt sich mit den Vorgängen um Geburt, Heirat und Tod unserer Vorfahren. Heute macht man hiervon wenig Aufhebens. Manchmal hat es fast den Anschein, als wären diese Ereignisse ‚nebensächlich' geworden. Geburten und Heiraten kommen in der Tat seltener vor. Beim Tod *scheint* es dagegen nur, als ob er unwichtig geworden wäre. Wir nehmen ihn bloß nicht mehr zur Kenntnis, vor allem nicht in aller Öffentlichkeit. Früher war das anders. Den Tod geflissentlich übersehen konnte man gar nicht. Er drängte sich allenthalben auf: bei Müttern im Kindbett, bei Säuglingen oft schon in den ersten Tagen, während der häufigen Seuchen bei jedermann. Um die Lücken zu schließen, waren selbstverständlich auch mehr Geburten notwendig. Unsere Vorfahren sagten: „Es braucht zwei Kinder für einen Erwachsenen". Und geheiratet wurde in aller Regel auch häufiger, vor dem Traualtar, mit Trauschein. So wollte es die damalige Zeit.

Würde ich hier eine historisch-demographische Studie vorlegen, bekäme der Leser darin exakt zu wissen, wieviele Menschen zum Beispiel an diesem oder jenem Ort während einer bestimmten Zeit geboren wurden, wieviele von ihnen heirateten und in welchem Alter, wann sie starben und an welchen Krankheiten. Das will ich hier jedoch nicht tun. Vielmehr greife ich einzelne Beispiele heraus, genauer gesagt: ich ‚erfinde' sie, weiß dabei aber, daß es sie so oder in sehr ähnlicher Weise zu Hunderten und Tausenden gegeben hat. Was wir dabei immer wieder feststellen werden, ist die seinerzeitige große Unsicherheit jeglichen menschlichen Lebens.

Was ich anschließend jedoch *nicht* erfinde, ist die Art und Weise, wie unsere Vorfahren versuchten, mit dieser mißlichen Situation fertig zu werden. Hier komme ich auf die, wenn man so will, ‚Anlaufstellen' oder ‚Einrichtungen' zu sprechen, die ihrem Leben trotz allem einen gewissen Halt verleihen konnten. In der ersten Geschichte ist dies zum Beispiel eine ‚Madonna mit Kind', in der zweiten die Eingebundenheit in die damalige christlich-abendländische Weltanschauung, in der dritten das Erlernen der ‚Kunst des Sterbens' und damit die Vorbereitung auf einen *guten* Tod und die ewige Glückseligkeit. Was ich mit diesem Vorgehen anstrebe, ist einerseits, beim Leser Verständnis für jene mißliche Situation unserer Vorfahren zu wecken, andererseits, die damaligen ‚Anlaufstellen' und ‚Einrichtungen' aus ihrer Zeit heraus zu verstehen.

Während mir die erwähnte ständige Unsicherheit jeglichen menschlichen Lebens in damaliger Zeit aufgrund der historisch-demographischen Forschung bekannt ist und ich sie deshalb auch für den Leser anhand einzelner Beispiele rekonstruieren und ihm schließlich wieder vor Augen führen kann, so sind einzelne Teile der ‚Anlaufstellen' und ‚Einrichtungen' bis heute tatsächlich erhalten geblieben. Meist wurden sie mittlerweile allerdings völlig aus ihrem seinerzeitigen Zusammenhang gerissen. Heute stehen sie, wie etwa die ‚Madonna mit Kind', neben Hunderten anderer Exponate in Museen. Oder sie hängen, wie der Bilderzyklus mit dem Leben und Wirken Christi, anhand dessen ich die damalige ‚christliche Weltanschauung' erläutern will, in Gemäldegalerien. Oder sie befinden sich, wie das Büchlein über die ‚Kunst des Sterbens', in Handschriftenabteilungen von Archiven oder Bibliotheken. Natürlich haben sie auch dort längst ihre einstige Funktion verloren. Doch selbst wenn sich all diese Dinge nach wie vor an Ort und Stelle befänden oder aus falschen Nostalgiegründen an ihre Herkunftsorte zurückgebracht würden, könnten sie die damalige Funktion nicht wieder zurückgewinnen. Unser Leben ist heute eben nicht mehr in gleicher Weise unsicher wie dasjenige unserer Vorfahren, und wir sind nicht länger in gleicher Weise eingebettet und verankert in deren christlichen Weltanschauung. Wir brauchen ihre ehemalige Funktion gar nicht mehr.

Aus diesem Grund verfolge ich mit dem vorliegenden Buch denn auch noch eine weitere Absicht. Es geht mir nicht bloß, wie eben angedeutet, um das historische Verständnis für die damaligen mißlichen Alltagsrealitäten und nicht nur um das geschichtliche Verständnis für die ‚Madonna mit Kind', den Passionszyklus oder die ‚Kunst des Sterbens' aus einem seinerzeitigen Bedürfnis heraus. Vielmehr überlege ich mir im Anschluß daran, ob die auf uns gekommenen geschichtlichen Relikte nicht eine *neue* Funktion erhalten könnten, nämlich *eine Funktion für uns, hier und heute*. Dieses Unterfangen hängt wiederum mit einer historisch-demographischen Erkenntnis zusammen. Gerade weil unser Leben im Vergleich zu dem der meisten Vorfahren unvergleichlich viel sicherer und länger geworden ist, suchen wir nun allenthalben nach erfüllendem Tun, denn wir möchten die vielen zusätzlichen Lebensjahre ja doch sinnvoll nutzen. Unser heutiges Leben *ist* im allgemeinen lang und endet meist erst hoch in den siebzigern und achtzigern. Auch dann und vor allem dann brauchen wir noch einen Halt und brauchen Dinge, über die wir nachdenken können. Erst zu jenem Zeitpunkt damit zu beginnen, ist zu spät. Aus diesem Grunde möchte ich das Nachdenken hier und heute mit dem Leser beginnen. *Dieser* Umstand hat mich veranlaßt, das Buch zu schreiben und es so zu schreiben, wie ich es getan habe: nicht mit einer Menge Statistiken und Tabellen, sondern mit fünf erzählten Geschichten. Auf diese Weise – so hoffe ich jedenfalls – kann ich den Leser eher zum eigenen Nachdenken anregen.

So geht es mir zum Beispiel in der dritten Geschichte nur in einem ersten Schritt darum, dem Leser die seinerzeitige ‚Kunst des Sterbens' im historischen Kontext zu erläutern, in einem anschließenden, wichtigeren jedoch darum, mich und ihn zu fragen, ob auch nicht wir heute wieder eine ‚Kunst des Sterbens' bräuchten und wie diese Kunst, angesichts unserer weitgehend entchristlichten Welt, denn nunmehr aussehen könnte. Oder es geht mir in der zweiten Geschichte nicht allein darum, den Bilderzyklus mit dem Leben und Wirken Christi vor dem geschichtlichen Hintergrund zu studieren und auf diese Weise in die damalige ‚Weltanschauung' einzutauchen, sondern darum, zu überlegen, ob nicht auch wir wieder eine ‚Weltanschauung' bräuchten und wie sie unter den heutigen entchristlichten Vorzeichen aussehen könnte.

Kommen wir kurz auf die einzelnen Geschichten zu sprechen. Die erste von ihnen handelt in Naters im Schweizer Kanton Wallis. Als Zeitraum wählte ich die Mitte des 13. Jahrhunderts. Im Zentrum steht Burgeli. Sie ist Witwe und war Mutter mehrerer Kinder. Doch hatte sie alle schon vor dem Tod ihres Mannes verloren. Burgeli und ihren Gemahl Walter habe ich ‚erfunden', ebenso ihre zu Grabe getragenen Kinder. Nicht erfunden habe ich dagegen das Phänomen der sogenannten Hochrisiko-Familien. Es gab sie sowohl in historischer Zeit bei uns, wie es sie auch heute noch in den Entwicklungsländern gibt. Es sind dies Familien, die mindestens drei Kinder haben, von denen aber höchstens ein Viertel das erste Lebensjahr vollendet. Auch nicht erfunden habe ich sodann die romanische ‚Muttergottes mit Kind' aus der Pfarreikirche jener Gemeinde. Sie entstand im ersten Viertel des 13. Jahrhunderts und hat im Schweizerischen Landesmuseum in Zürich überlebt. Als zur Schau gestellter verglaster Kunstgegenstand ist sie für uns dort allerdings zuerst einmal ‚tot'. Sie zum Leben zu erwecken und in eine seinerzeit mögliche Alltagswirklichkeit zurückzuverpflanzen, fiel mir bei dieser ersten Geschichte besonders schwer. Das bloße Wissen um die Existenz von Hochrisiko-Familien sowie das Vorhandensein der Naterser Madonna mit Kind im Museum bildeten zwei eher dürftige Ausgangspunkte. Dennoch habe ich die Erzählung gewagt, denn die Statue ist nun einmal erhalten geblieben, und sie steht nun einmal dort, wo sie steht. Durch ihre Präsenz aber fordert sie uns zur Beschäftigung mit ihr und mich als Historiker zur Stellungnahme heraus.

Die zweite Geschichte spielt in Köln, zu Beginn des 15. Jahrhunderts. Entzündet hat sie sich an einem Gemälde, das in den Dahlemer Museen von Berlin in allernächster Nähe meines Universitäts-Institutes hängt. Diesmal haben wir es mit einer *Familie* zu tun. Sie bestand aus Vater, Mutter und zwei Töchtern. An sich setzt sich das Bild aus fünfunddreißig Einzeltäfelchen zusammen, die das ‚Leben und Wirken Christi' darstellen. Der Zyklus, arrangiert in fünf Bändern zu je sieben Stück, beginnt mit der Verkündigung an Maria, geht dann über Geburt, Kindheit und Jugend Jesu, seine Leidensgeschichte mit Tod und Auferstehung bis hin zum Jüngsten Gericht. Auch unsere Familie ist eines dieser Kleinbildfelder – und zwar das letzte, in der untersten Reihe, ganz rechts außen. Dennoch ist sie, durchaus wörtlich genommen, im Bilde. Damit wird dokumentiert, daß auch sie zum Gesamtgemälde gehört. Sie ist Bestandteil jener Welt, die in den vorangehenden vierunddreißig Bildfeldern zur Darstellung gelangt. Man kann es auch so sagen: diese Familie hat ein Weltbild, in dem sie selbst verankert ist. – Welches Weltbild haben wir, und wo sind wir verankert?

Zwischen der zweiten und der dritten Geschichte ist nicht viel Zeit verstrichen. Sie spielt ebenfalls in der zweiten Hälfte des 15. Jahrhunderts, diesmal jedoch am Oberrhein. Die Geschichte handelt von einem einzigen, für unsere Vorfahren allerdings wichtigen Thema. Es geht ums Sterben, genauer gesagt um das Sterben-Lernen. Eines der verbreitetsten Büchlein in jener zweiten Jahrhunderthälfte hieß ‚Ars moriendi'. Zu deutsch meint das ‚Die Kunst des Sterbens'. Wer die wenigen beschriebenen Seiten nicht zu lesen vermochte – lateinisch schon gar nicht –, konnte sich auch als Leseunkundiger zumindest in die elf stets mitabgedruckten Illustrationen vertiefen. Sie waren pädagogisch so geschickt angefertigt und künstlerisch dermaßen aussagekräftig gestaltet, daß selbst Analphabeten die ‚Kunst des Sterbens' auf diese Weise spielend erlernten. Mit einem von ihnen, dem ‚erfundenen' etwa vierzigjährigen Zimmermann Martin, wollen wir uns eine komplette Serie dieser elf Bilder im Detail ansehen.

Wenn ich diese Geschichte hier in den Mittelpunkt rücke – es ist die dritte von fünf –, dann deshalb, weil ich der Überzeugung bin, daß auch wir eine ‚Kunst des Sterbens' erneut nicht nur wieder erlernen, sondern diesem Lernen vielmehr ebenfalls wieder eine *zentrale* Rolle beimessen sollten. Schließlich sterben auch wir, wenn nun im allgemeinen auch etwas später als unsere Vorfahren. Die mittlerweile eingetretene relative Sicherheit unseres Lebens ‚in den besten Jahren' sollte uns nicht dazu verleiten, Träume von Unsterblichkeit und ewigem Ruhm zu träumen. Sterben und Tod als Fakten des Lebens mitzubedenken heißt im übrigen keineswegs, danach in stumpfe Resignation zu verfallen. Im Gegenteil, eine solche Auseinandersetzung kann zu bewußterem, intensiverem Leben führen.

Während die ersten drei Geschichten zu Zeiten spielen und uns Menschen vor Augen führen, die in Jahrhunderte überdauernde christlich-abendländische Glaubens- und Wertvorstellungen eingebunden und darin aufgehoben waren, so greift die vierte Geschichte einen entscheidenden Aspekt im Prozeß der Loslösung hiervon auf. Kaum ein Vorgang hat die Mentalitätsstrukturen unserer Vorfahren so sehr aufgebrochen und so stark verändert wie die Ausbreitung allgemeiner Lesekenntnisse. Wer über solche Kenntnisse verfügte, dem öffnete sich eine neue Welt. Ich lasse diese vierte Geschichte in den 1760er Jahren in Schweden spielen, denn Schweden war das erste Land der Welt, dessen gesamte Bevölkerung – Männer, Frauen, heranwachsende Kinder – um die Mitte des 18. Jahrhunderts lesen konnte. Meine Hauptakteure sind diesmal Britta und Erik, ein junges Brautpaar. An ihrem Beispiel zeige ich einerseits, wie sich die Lesekenntnisse damals ausbreiteten. Zum anderen mache ich darauf aufmerksam, wozu diese Kenntnisse anschließend gebraucht wurden und wozu sie führen konnten.

Von hier führt die fünfte und letzte Geschichte direkt in die Gegenwart. Zwar mag dies als ein großer Sprung erscheinen. Was ich hier jedoch zeigen will, sind die langfristigen Folgen dessen, was sich damals zuerst in Schweden und nach und nach überall in Europa vollzog: Lesenlernen, gelenkte Aufklärung von außen, Eigenaufklärung durch selbstgewählte Lesestoffe, Aufbrechen ‚neuer Welten', Verblassen und allmähliches Verschwinden einst homogener christlich-abendländischer Wertvorstellungen, Auflösung des *einen* Weltbildes und zunehmender Verlust einer Weltanschauung überhaupt, Orientierungslosigkeit in einer unüberschaubaren Flut von Informationen, Suchen nach neuen Zielvorstellungen und einer neuen Weltanschauung. Die fünfte Geschichte demonstriert konkret die Auswirkungen. Hier werden wir von verschiedensten Seiten und den kompetentesten Fachleuten ‚belehrt'- bis wir schließlich vor lauter Bäumen fast den Wald nicht mehr sehen.

Sie handelt in Zürich, im Jahre 1988 – und sie handelt von mir. Ich bitte den Leser, mir das nachzusehen. Sie handelt nicht etwa deswegen von mir, weil ich meine Person für wichtig hielte. Es verhält sich vielmehr so wie in der zweiten Geschichte. Auch dort habe ich die Familie des Stifters ins Zentrum gerückt. Sie selbst hatte das bestimmt nicht beabsichtigt. Das Mini-Gemälde, auf dem die Eltern mit ihren beiden Töchtern abgebildet sind, war vielmehr der letzte und abschließende Mosaikstein im 35teiligen Gesamtzyklus. Aber auf diese Weise gehörte die Familie dazu. Sie war im Bild inbegriffen, von ein und demselben Rahmen umgeben und festgehalten. Auch ich ‚gehöre dazu', bilde wie Tausende und Abertausende Mitmenschen einen Mosaikstein in der heutigen Welt. Nur kenne ich mich und meine eigene Umgebung besser, als das im Hinblick auf andere Menschen der Fall ist. Wenn mir also in diesem Buch so viel daran gelegen ist, dem Leser zu zeigen, wie wir aus unseren zusätzlichen Lebensjahren gewonnene, erfüllte Jahre machen könnten, dann fange ich damit wohl am besten bei mir selber an.

Doch mag sich jeder Leser nun seine eigenen Gedanken zu den fünf Geschichten und meinen damit verfolgten Absichten machen. Nicht einfach zuzustimmen, sondern zum *eigenen*

Nachdenken darüber anzuregen, ist mein Hauptanliegen. In dem Ausmaß, wie das die Geschichten bei möglichst vielen Lesern zu erreichen vermögen, haben sie ihren Zweck erfüllt. Allzu viele, so scheint mir, sind den Herausforderungen eines *langen* Lebens noch nicht gewachsen. Doch keiner soll sagen können, er wäre nicht beizeiten auf die daraus erwachsenden Probleme und Lösungsmöglichkeiten hingewiesen worden.

Wer mehr über die Hintergründe zu den einzelnen Geschichten erfahren möchte, findet am Schluß des Buches eine Reihe bibliographischer Angaben sowie zusätzliche Erläuterungen unter den Hinweisen. Wer darüber hinaus wissen möchte, wie die fünf Geschichten in die weitere Landschaft meiner Alltagsforschung passen, mag sich in die Reflexionen des Nachwortes vertiefen.

1. Naters (Wallis), – Mitte 13. Jahrhundert

Eigentlich hieß die Frau Notburga. Aber niemand nannte sie so. Auch dachte wohl keiner mehr daran, daß dieser alte Name einmal ‚schützende Burg in Drangsal und Not' bedeutet hatte. In Naters sagte man einfach ‚das Burgeli' zu ihr. Das war nicht als Spottname gemeint. Niemand wollte sie necken. Obwohl Burgeli seinerzeit von außerhalb der Gemeinde zugeheiratet hatte, gehörte sie längst zur Dorfgemeinschaft – auch jetzt noch, da sie Witwe war und ohne Kinder lebte.

Heute zählt die Gemeinde Naters im Oberwallis etwa siebentausend Einwohner. Die meisten von ihnen wohnen unten im Rhonetal. Der junge Fluß heißt da noch der Rotten. Er entspringt ganz oben im Goms, dort wo drei Pässe vom Wallis hinüber in andere Kantone der Schweiz führen: die Grimsel ins Berner Oberland, die Furka nach Uri und der Nufenen in das Tessin. Naters liegt am unteren Eingang zum Goms. Folgt man dem Rotten der Rhone abwärts, kommt man über Brig zuerst nach Visp, dann nach Raron und nach Leuk. Jenseits der deutsch-französischen Sprachgrenze liegen Sierre, Sion, Martigny, Saint Maurice und – bereits am Genfersee – Montreux, Vevey und Lausanne.

Naters war flächenmäßig schon immer eine große Gemeinde. Was jedoch die Einwohnerzahl betrifft, so hatte das Dorf zu Burgelis Zeiten noch nicht einmal einen Zehntel seiner heutigen Bevölkerung. Naters liegt auf der Sonnenseite des Rhonetals und zieht sich vom Ufer des Flusses bis hinauf zum Aletschhorn. Von den 670 Metern in der Ebene bis zu den 4195 Metern an der Spitze des Berges sind es dreieinhalbtausend Meter Höhenunterschied. Als seinerzeit die Land- und Vieh-, die Alp- und Milchwirtschaft noch die Existenzgrundlage der meisten Naterser bildeten, verließ immer ein Teil von ihnen im Frühjahr die Ebene. Mitsamt ihren Maultieren, Kühen, Geißen und Schafen folgten sie dem Frühling und zogen zuerst hinauf nach Blatten, einer Sonnenterrasse auf etwa 1300 Metern Höhe. Von dort ging es einige Wochen später noch weiter hinauf zu den Sommerweiden auf der Belalp und der Alp Aletsch.

Die Belalp beginnt auf rund zweitausend Metern Höhe. Die Alp Aletsch liegt noch höher. Im Spätsommer und Herbst erfolgte der Zug dann, ebenfalls wieder etappenweise, in umgekehrter Richtung. Anfang Winter waren sie schließlich alle wieder unten im Tal. Die wohlgenährten Tiere hatten dicke Bäuche und die Menschen manch schönen Laib fetten Alpkäses in ihren Vorratskammern. Mensch und Tier waren auf den langen Winter gut vorbereitet. Während Wochen, wenn nicht Monaten, würde er sie mit Schneemassen und drohenden Lawinenniedergängen im Griff haben und zeigen, wer hier Meister war.

Heute sind die sieben Wegkilometer zwischen Naters und Blatten längst asphaltiert. Sie werden ganzjährig für den Autoverkehr offen gehalten. Die zu Fuß etwa gleich lange Strecke zwischen Blatten und der Belalp kann man sommers wie winters bequem in einer kaum zehnminütigen Seilbahnfahrt zurücklegen. Wo seinerzeit die Maultiere, Kühe, Schafe und Ziegen ins Auge gefallen sein mußten, tun es heute zu jeder Jahreszeit die Touristen. Ihnen stehen in den zahlreichen Chalets und Ferienwohnungen sowie in drei kleineren Hotels allein auf Blatten rund zweitausend Betten zur Verfügung. Man hat für sie eine Doppel-Tennisanlage gebaut und einen Fitness-Vitaparcour hergerichtet. Gut ausgeschilderte Wanderwege führen zu verschiedenen Grillplätzen. Abends kann man sich in einer Bar oder Diskothek amüsieren. Es gibt ein Hallenbad mit Sauna und Solarium, einen Kinderspielplatz und natürlich ein Einkaufszentrum, denn unter den Feriengästen sind viele Selbstversorger (für topographische und lokaltouristische Informationen vgl. Bundesamt für Landestopographie 1981–1986, Stadtplan Brig-Glis/Naters [1989], Verkehrsverein Naters-Blatten-Belalp 1989).

Die Menschen in Naters waren während Jahrhunderten Selbstversorger. Die Abgeschiedenheit ihrer kleinen Welt hatte sie dazu gezwungen. Was die terrassierten Äckerchen abwarfen, hätte nie auch nur annähernd für zweitausend Menschen ausgereicht. Die Fluren zwischen den Felsen und Steinblöcken waren hier so klein und an die Hänge geklebt, daß sich das Pflügen nie durchsetzen konnte. Die Äckerchen wurden mit der Hacke oder dem Karst bearbeitet (vgl. noch immer die hervorragende Arbeit des Volkskundlers Niederer 1956).

Heute bietet die Belalp im Winter sechzig Kilometer präparierter Skipisten für jeden Schwierigkeitsgrad. Durch einen Skitunnel am Hohstock läßt sich außerdem ein Tiefschneefahrt-Gebiet erreichen. Wer im Sommer kommt, kann sich vom Juli bis September freitags und samstags einem Maultier-Trekking zwischen Naters und der Belalp und am Sonntag einem Gletscher-Trekking über den Aletschgletscher zur Riederalp anschließen. Sollte die Zahl der jeweils zugelassenen fünfzehn Personen einmal schon erreicht oder jemandem ein solches Trekking zu mühsam sein, besteht immer noch die Möglichkeit, auf eine der weniger anstrengenden Aletsch-Wanderwochen auszuweichen. Hierbei handelt es sich um je zwei Tage organisierten Wanderns auf der Belalp, der Riederalp und der Bettmeralp. Um sein Gepäck braucht sich niemand zu kümmern. Das fehlte gerade noch, im Urlaub den Rucksack selber tragen zu müssen! Der Transport von Ort zu Ort wird organisiert.

Auf der Belalp gibt es Ende Juli jeweils ein großes Fest. Wie es in einer Broschüre für Touristen heißt, ist es ein bodenständiges Älplerfest. Ein weiteres Fest findet Mitte August auf Blatten statt. Dort lösen einander stundenlang Folkloregruppen, Jodelvereinigungen und Ländlerkapellen in ihren Darbietungen ab. Natürlich kann man dazwischen – oder vor oder nach solchem Amüsement – auch einen Nostalgiespaziergang zwischen den samtschwarz gebrannten Blattener Holzhäusern oder den mit Mäuseplatten bewehrten Speichern zum Theodulskirchlein unternehmen. Wer mag, stärkt sich auf dem Weg in einem Beizlein. Noch schneller geht es am Imbißstand.

Burgeli sah alt aus. *Wie* alt sie war, wußte niemand, sie selbst auch nicht. Es fragte auch gar niemand danach. Vielleicht fünfzig? Als ihr Mann Walter noch lebte, war sie in den letzten Jahren nicht mehr schwanger geworden. Beide hätten gern ein oder ein paar Kinder gehabt, schon wegen der Mithilfe drinnen und draußen, im Stall, auf den Feldern, der Alp, und auch zur Vorsorge im Alter. Sieben oder acht Mal war eines zur Welt gekommen. Aber kaum war es jeweils da, starb es schon wieder, immer noch vor der Taufe.

Auch Walter war im letzten Winter gestorben. Der Tod kam rasch, so wie damals meistens. Zuhause hatten sie nicht mehr viel zu essen gehabt. Das Mehl war früher im Jahr zu Ende gegangen als sonst. Es hatte im vorigen Sommer wenig geregnet, zu wenig. (Noch heute gehört das tief eingekerbte Rhonetal zwischen den Berner und den Walliser Alpen zu den regenärmsten Gebieten der Schweiz.) Das in Fuhren auf die ausgetrockneten Felder geleitete Wasser hatte nicht ausgereicht. Zudem war der Winter bereits im Herbst gekommen. Er brachte eisige Winde und große Mengen Schnee. Wer die Ernte nicht ganz verloren geben wollte, mußte die schütteren Halme und unreifen Körner unter der Schneedecke hervorholen. Burgeli hatte versucht, das schlechte Mehl etwas zu strecken. Sie löste Rinden von den Baumstämmen, trocknete sie und rieb sie Brocken für Brocken in den Teig. Das Brot sah jeweils ganz grau aus. Es schmeckte auch nicht besonders gut. Man mußte würgen, um die trockenen Bissen hinunterzubekommen. Manchmal blieb ein Stück Rinde im Halse hängen.

Während seiner letzten Tage hatte Walter ganz elend ausgesehen. Bisweilen versuchte er, sich in der Küche auf der Holzbank auszustrecken, denn da war es etwas warm. Doch ging das auf die Dauer nicht gut. Bald wand und krümmte er sich unter heftigen Bauchkrämpfen auf der Erde. Auch plagten ihn Durchfälle. Er mußte immer wieder aufstehen und hinausgehen. Meist tat er es barfuß. Für einen Augenblick brachte die schneidende Kälte draußen dem schweißtriefenden Körper Kühlung. Dann gefroren die Schweißperlen auf der Stirn und dem Handrücken. Der Frost schüttelte ihn.

Am Abend begann Walter zu husten und zu keuchen. Er bekam glasige Augen und konnte seine Frau bald nur noch in Umrissen sehen. Auch gaben die paar Kienspäne im Herdfeuer nicht besonders hell. Burgeli kauerte die ganze Nacht neben ihm auf der Erde. Gegen Morgen wurden seine Hände kalt. Wann Walter genau gestorben war, wußte sie nicht.

Jetzt ruhte er draußen auf dem Friedhof. Einen Grabstein hatte er dort nicht. Doch wußte Burgeli noch, wo sie ihn in die Erde gelegt hatten. Wem es unter den Dorfbewohnern nur immer möglich gewesen war, hatte an der Beerdigung teilgenommen. Man merkte, wie sie alle zusammengehörten. Es hätte jeden von ihnen genauso treffen können, alt oder jung, Mann oder Frau. Der Grabhügel über dem Toten war noch nicht eingefallen. Die Schneedecke wölbte sich nach oben. Auf dem Weg zur Kirche blieb Burgeli manchmal einen Moment lang stehen und schaute hinüber. Sobald der Schnee im Frühling geschmolzen sein würde, wollte sie ein paar Blumen auf das Grab legen.

Auch die Kinder, die sie geboren hatte, weilten auf dem Friedhof, allerdings nicht in Naters wie ihr Mann, sondern drüben in Glis. Daß sie dort ihre letzte Ruhe gefunden hatten, war nicht selbstverständlich. Wir wissen schon, daß keines von ihnen auch nur bis zur Taufe gelebt hatte. Sie gehörten bei ihrem vorzeitigen Tod somit noch nicht zur Gemeinschaft der Gläubigen. Nur diese aber durften in geweihter Friedhofserde ruhen. So packte Walter jeweils die kleinen Leichname in seine Tschiffra und brachte sie im Tragekorb auf dem Rücken hinüber nach Glis. Wenn Burgeli konnte, begleitete sie ihn. Es war nicht sehr weit, von Naters über die Rottenbrücke und dann etwas flußabwärts, nicht einmal eine Stunde zu Fuß.

Zwar hatte Naters schon seit dem 11. Jahrhundert eine Kirche, Glis erst seit etwa 1230. Doch während das Naterser Gotteshaus dem Heiligen Mauritius geweiht war, so das Gliser der Jungfrau Maria. Es sprach sich rasch herum, daß die Gottesmutter dort das Flehen vieler Gläubiger erhörte und ihnen durch ihre Fürbitte beim Herrn Linderung in ihren Nöten verschaffte. Glis wurde zu einem Wallfahrtszentrum für das ganze Oberwallis. Die einen pilgerten dorthin, um vor einer drohenden Seuche unter Mensch oder Tier bewahrt zu werden, die andern, damit die keimende Saat auf den Feldern nicht noch dem Frost des verspäteten Frühlings zum Opfer fiele, die dritten, damit die heranreifende Ernte nicht verhagelt würde, die vierten, um vor Landstreichern und Räubern verschont zu bleiben, die fünften, damit der Blitz während der heftigen Sommergewitter nicht bei ihnen einschlüge und auch sonst Haus und Scheuer, Stadel und Speicher vor Feuer bewahrt würden, die sechsten, damit die Kuh nicht wieder ein totes Kalb zur Welt brächte und die Geißen auf der Alp nicht in einen Abgrund stürzten, die siebten, damit den Männern beim Ausbessern der Wasserfuhren an den Felswänden nichts zustieße. Gründe zum Flehen gab es genug, Sorgen, Nöte, Gefahren und Gefährdungen im Alltag überreichlich. Leben und Überleben war zu Walters und Burgelis Zeiten nicht leicht, weder von Tag zu Tag, noch von Jahr zu Jahr.

Und doch hatten die beiden ein anderes Anliegen, wenn sie nach Glis wallfahrten. Wie so manche Väter und Mütter aus den übrigen Gommer Gemeinden, vom Simplon herab, aus dem Lötschental oder von den unteren Seitentälern des Wallis brachten sie die Leichname ihrer vor der Taufe verstorbenen Kinder hierher. In der Wallfahrtskirche legten sie die kleinen Toten vor sich am Altar nieder und beteten zur Muttergottes, sie möge bewirken, daß die Verstorbenen für einen Augenblick zum Leben erweckt würden. Dann könnten sie – weil lebendig – die Nottaufe empfangen und anschließend draußen auf dem Gottesacker bestattet werden. Obwohl Glis Jahrhunderte lang bloß jenseitiges Anhängsel der Naterser Mutterpfarrei war, hatte das Gotteshaus doch von Anfang an seinen eigenen Taufstein und auch einen Friedhof (Imesch 1904, Müller 1964).

Walter und Burgeli hofften und flehten nicht vergeblich. Nach kürzerem oder längerem Gebet gaben die kleinen Leichname jeweils ein Lebenszeichen von sich. Im Schein der Kerzen bekamen sie rote Wangen, oder es traten Schweißtropfen auf ihre Stirn. Kaum hatten sie in diesem Zustand die Nottaufe empfangen, hauchten sie ihr Leben auch schon wieder aus. Als Mitglieder der christlichen Gemeinschaft konnten sie nun auf dem Friedhof vor der Kirche ihre letzte Ruhe finden.

Im unteren Teil des Wallis, dort wo man französisch spricht, gab es allerdings eine noch berühmtere Gnadenstätte: Saint

Maurice. Da konnte man gleich eine ganze Legion Heiliger um ihre Hilfe und Fürsprache anflehen. Mauritius war nur der prominenteste und mächtigste unter ihnen. Viele Kirchen und Kapellen im Wallis waren ihm zu Ehren errichtet worden. Die Naterser Mauritiuskirche war – und ist auch heute noch – nur eine von ihnen.

Saint Maurice war zur Zeit der Römer ein militärischer Etappenort und hieß Acaunum. Unter Kaiser Diokletian (284–305) weigerte sich hier eine christliche Truppeneinheit, an der befohlenen Verfolgung von Glaubensbrüdern teilzunehmen. Sie wurde kurzerhand bis auf den letzten Mann selbst hingerichtet. Da die Legion ursprünglich aus dem ägyptischen Theben stammte, nannte man die Hingemetzelten später die Thebäischen Märtyrer. Die über ihren Gebeinen errichtete Kirche entwickelte sich binnen kurzem zum Ziel vieler Wallfahrer. Im Jahre 515 kam es zur Gründung einer Abtei. Fortan nahm sich ein dazugehöriges Hospiz der zahlreichen Pilger an. Manche unter ihnen befanden sich auf dem Weg von Gallien über den Großen Sankt Bernhard nach Rom (Carlen 1981).

In jungen Jahren war auch Walter einmal zur Gnadenstätte der Thebäer nach Saint Maurice gepilgert. Das dauerte damals mehrere Tage. Für ihn lag dieser Ort weiter entfernt, als es für uns im Zeitalter des Flugzeugs jeder Ort auf Erden ist. In unseren Tagen erreicht man Saint Maurice von Naters aus mit dem Auto oder dem Zug in einer guten Stunde. Es sind knapp einhundert Kilometer. Von seiner Wallfahrt hatte er das Burgeli mitgebracht. In Naters selbst hatte die Frau keine Verwandte. Nachdem alle ihre Kinder und auch ihr Mann gestorben waren, lebte sie für den Rest ihres Lebens allein im Haus. Bis zu ihrem Schwager und dessen Familie waren es allerdings nur wenige Schritte. Jederzeit würde ihr dort jemand helfen, sei es, um Wasser am Brunnen zu holen, oder sei es, um im Winter den Schnee vom Dach zu schippen, damit es unter der schweren Last nicht einstürzte. Auch mit der Hilfe der Nachbarn konnte sie rechnen. Umgekehrt stand sie ihnen mit allerlei Handreichungen, für die sie noch nicht zu alt war, zur Verfügung.

Am Nachmittag hatte Witwe Burgeli wieder einmal die Dorfkirche von Naters aufgesucht. Wer das heute tut, sieht vom damaligen, ursprünglich um 1100 vollendeten Bau nur noch den mächtigen, 54 Meter hohen romanischen Turm. Und auch von ihm ist bloß noch ein, allerdings immer noch imposanter, fünfstöckiger Rest mit prächtigen, doppelt und dreifach durchbrochenen Fensterluken erhalten. Das spitz zulaufende Helmdach wurde erst 1514 aufgesetzt. Das übrige Gotteshaus mitsamt seiner stattlichen Inneneinrichtung, bestehend aus dem Hauptaltar und den Sebastians-, Dreifaltigkeits-, Rosenkranz- und Heilig Kreuz-Nebenaltären, dem reichgeschnitzten Chorgestühl, der Kanzel und dem Taufsteinaufsatz ist frühbarock und stammt aus der zweiten Hälfte des 17. Jahrhunderts. Auch das weit herum berühmte Beinhaus neben der Kirche, bei dessen Betrachten so mancher schaudernd annehmen mag, es wäre wohl ‚sehr alt', ist jünger. Es wurde 1525 eingeweiht. Doch ob die dort aufgeschichteten Schädel und die sorgfältig übereinander gestapelten Knochen aus den aufgelassenen Friedhofsgräbern nun schon siebenhundert oder erst vierhundert Jahre alt sind: der Spruch zu ihren Häupten ist deswegen nicht minder nachdenkenswert:

„Was Ihr seid, das waren wir;
Was wir sind, das werdet Ihr".

Ein paar andere Bauwerke aus jener Frühzeit sind ebenfalls bis heute erhalten geblieben. Burgeli wird sie alle gesehen und wahrscheinlich oft bestaunt haben. Dermaßen solide gemauerte Häuser, die die Jahrhunderte überdauerten, gab es in Naters nicht viele. Gleich alt wie die Kirche ist der nordöstliche Teil des angrenzenden Pfarrhofes. Es handelt sich um einen hohen Wohnturm mit tiefen, schmalen Lichtscharten. Im nördlichen und nordwestlichen Teil des Dorfes gibt es zwei weitere derartige Wohntürme mit schmalen Fenstern und Hocheingängen zwischen wuchtigen Steinquadern. Den einen im Nordwesten ließen sich die von Augustas (oder von Aostas) bauen. Diese angesehene Familie hatte zwischen 1249 und 1275 das Viztum inne. Das war die höchste weltliche Stellvertretung des für Naters zuständigen Bischofs von Sitten. Der Turm ist von einem abgetreppten Giebel gekrönt. Als man ihn vor einigen Jahrzehnten zum Schulhaus umbaute, wurden die ursprünglichen Fensterformen stark verändert. Obwohl das Bauwerk noch heute seinen alten Namen ‚Ornavasso-Turm' (oder Urnavas) trägt, wird die Straße vom Kirchplatz und der Dorflinde dorthin nunmehr die Schulhausstraße genannt.

Möglicherweise noch im 12., sicher jedoch zu Beginn des 13. Jahrhunderts erfolgte im Norden des Dorfes der Bau für die Herren auf der Flüe (latinisiert: Supersaxo). Er besteht einerseits aus einem quadratischen Bergfried aus massigen Quadern und andererseits aus einem nach Westen angebauten Wohntrakt. Die ganze Anlage wirkte offenbar so imponierend auf die Zeitgenossen, daß sie alsbald nur noch vom ‚Schloß' sprachen. Bis in unsere Tage hinein heißt die Straße vom Dorfplatz dorthin denn auch der Schloßweg (Dolder 1986, bes. 108–122; Horat 1979, Ruppen 1984; sehr nützlich auch die detaillierte Karte in ‚Sehenswertes Naters' [= Verkehrsverein Naters 1989]).

So mitten im Winter war es in der Kirche bitter kalt. Burgeli fror. Doch machte sie kein Aufheben davon. Wie die anderen Naterser war auch sie die strenge Winterkälte gewöhnt. Obwohl es erst Nachmittag und draußen noch hell war, konnte man im Kircheninnern nicht viel sehen. Es war düster. Die kleinen Rundbogenfenster ließen nicht viel Licht durch die dikken Mauern dringen. Allerdings hätte man auch nicht mehr sehen können, wenn es heller gewesen wäre. Die Innenausstattung von Gotteshäusern war damals bescheiden. Niemand suchte in jenen Tagen eine Kirche auf, um sie ‚anzusehen' (Reinle 1988).

Obwohl der Bau in Naters dem Heiligen Mauritius geweiht war, fand sich im Innern der Kirche eine Statue, die – wie der benachbarte Wallfahrtsort Glis – die Gedanken zur Muttergottes gehen ließ (Abb. 1). Abgesehen vom romanischen Turmstumpf ist sie etwas vom wenigen, was aus jenen Tagen bis heute erhalten geblieben ist. Zu Burgelis Zeiten war die Statue noch nicht sehr alt, vielleicht zwanzig, dreißig Jahre. Sie soll im ersten Viertel des 13. Jahrhunderts entstanden sein, so um 1220.

Als Material verwendete der Schnitzer Ahorn- und Nußbaumholz aus der Gegend. Im Innern höhlte er die Statue aus, damit sie sich nicht verzog.

Die Muttergottes stand einmal da und einmal dort im Kirchenraum. Man konnte sie leicht transportieren, denn sie war nicht sehr groß, knapp einen Meter hoch. Nach der Prozession am letzten Sonntag hatte man sie in einer Wandnische abgestellt. Das kleine Fenster darüber ließ etwas Licht auf die Figur fallen. Trotz der Dämmrigkeit hatte Burgeli sie somit rasch gefunden. Keine Bänke verstellten ihr die Sicht; solche gab es damals für die Gläubigen noch nicht. So konnte sie geradewegs auf die Muttergottes zugehen (Forsyth 1972).

Da die Muttergottes saß, war Burgeli größer als sie. Sie bückte sich, um ihr in die Augen sehen zu können. Doch Maria schaute nicht zurück. Sie blickte in die Ferne. Ob sie nicht zeigen wollte, daß sie schielte? Ihr rechtes Auge war tiefer und lag weiter außen als das linke. Die Muttergottes schien nicht froh zu sein. Ihre Mundwinkel hingen nach unten, so daß sie ziemlich griesgrämig aussah. Auch das Christkind blickte Burgeli nicht an. Es saß auf dem linken Knie der Mutter und schaute genauso in die Ferne. Ein Bein ließ es herunterhängen. Das andere hatte es hochgezogen. Es schien, als wollte sich das Kind etwas bequemer hinsetzen. Zwar würde es schon nicht hinunterfallen, denn die Muttergottes hielt es mir der linken Hand fest. Unter dem Gewand schauten seine beiden Füßchen hervor, nackt und bloß. Seine Haare waren lang und verdeckten beide Ohren. Hinten fielen sie ihm bis in den Nacken. Vorn hatte die Mutter einige Löckchen in die Stirn gekämmt. Ob es wohl hungrig war? In der linken Hand hielt es einen Apfel. Hineingebissen hatte es jedoch nicht. Anders als beim Christkind konnte Burgeli bei der Muttergottes nichts von der Haarpracht entdecken. Ihr Kopf war ringsum wie eingerahmt von einer Kapuze. Diese ließ nur ein wenig vom Halsansatz frei. Dort sah man auch, daß Maria unter dem dunklen Gewand, das wie ein Mantel aussah, ein helles Unterkleid trug. Das dunkle Obergewand hatte einen weiten Halsausschnitt und lag nur auf den Schultern auf.

Abb. 1: Thronende Muttergottes mit Kind. Romanische Madonna aus Naters, Kanton Wallis, erstes Viertel des 13. Jahrhunderts.

Da die Statue zwei, drei Schritte von der Wand entfernt stand, konnte Burgeli um sie herumgehen. Erst jetzt fiel ihr auf, daß die Muttergottes auf einem Schemel saß. Von vorne konnte man das nicht richtig sehen. Zwar endete ihr Mantel dort gleich unterhalb der Knie. Doch das Untergewand fiel Maria bis über die Füße. Der Saum staute sich unten in vielen kleinen Wellen. Nur vom vorgeschobenen rechten Schuh kam eine kleine Spitze durch die Falten zum Vorschein.

Burgeli ging zur Seite und schaute genauer hin. Einen eigenen Schemel oder gar Stuhl zu haben, war damals etwas ganz Außergewöhnliches. Von zuhause kannte sie nur Bänke. Auf ihnen saßen alle gleichrangig nebeneinander. Ob der Thron für den Bischof von Sitten wohl so aussah? Der Sitz der Muttergottes hatte keine Lehne. Nur ein niedriges Gesims zu beiden Seiten und am Rücken gab Maria Halt. Ein dünnes Kissen machte es ihr etwas bequemer. Nicht nur hatte die Muttergottes somit einen eigenen Sitzplatz, sondern sie war auch die einzige, die sich beim Gottesdienst hinsetzen durfte. Alle anderen im Kirchenschiff mußten stehen.

Zu beiden Seiten der Statue hatte der Schnitzer ein paar Rundbögen in Marias Sitz gekerbt. Ihrer Form nach erinnerten sie Burgeli an die Fensterluken im Kirchturm. Von der Seite konnte sie überdies deutlicher erkennen, daß die Muttergottes ihre Füße unter dem Gewand auf einem Fußschemel ruhen ließ. Gewand und Unterkleid mußten sehr dünn sein. Wo sie auflagen, schmiegten sie sich eng an den Körper an und ließen Schultern und Kniee fast wie nackt durchscheinen. Dazwischen bildeten sie reichlich feinstriemige Falten. Ob die Muttergottes und das barfüßige Kind in der kalten Kirche nicht froren? Wahrscheinlich waren auch sie die Kälte gewohnt.

Nachdem sich Burgeli an der Statue satt gesehen hatte, geriet sie mehr und mehr ins Grübeln. Zwar war es nicht das erste Mal, daß sie die Muttergottes an diesem Nachmittag aufsuchte. Bei weitem nicht immer trug sie ihre Sorgen bis Glis. Auch hier konnte sie Maria um Fürbitte bei ihrem Sohn anflehen. Sie war in Naters genauso Mittlerin zwischen Gott und den Menschen. Doch erst diesmal stutzte Burgeli ob der Tatsache, daß die Muttergottes so wenig Gesellschaft hatte. Nur ihr Söhnchen weilte bei ihr. Von einem Mann, einem Vater wäre weit und breit nichts zu sehen gewesen, auch von weiteren Kindern nicht.

Burgeli dachte darüber nach, daß sie selbst auch oft allein war. Während die Muttergottes wenigstens einen Sohn auf dem Knie halten konnte, hatte sie gar niemanden mehr. Ihre Kinder waren ihr alle genommen worden. Aber auch damals, als Walter noch lebte, war sie oft allein gewesen. Wie die übrigen erwachsenen Männer im Dorf auch, mußte Walter immer wieder am Gemeinwerk teilnehmen. Manchmal war er nur einen Tag abwesend, häufiger jedoch mehrere Tage oder ganze Wochen, je nachdem, was gerade anfiel und gemeinsam erledigt werden mußte: ob gegenseitiges Aushelfen beim Bau eines Hauses oder Speichers, ob das Instandsetzen der Sennhütten und Stallungen vor dem Bestoßen der Alpen, das Ausbessern der Saumpfade hinauf nach Blatten, das Errichten von Wehrmauern gegen die Wildwasser, im Winter das Vieh zu den entfernteren Heuschobern treiben und dort hüten, bei der Schneeschmelze den Rotten eindämmen, oder – wie immer wieder – am Gemeinwerk für das ausgedehnte Netz der Wasserfuhren teilnehmen.

Um das große Niederschlagsdefizit im Wallis auszugleichen, wurden seit alters die Schmelzwässer der Gletscher oben am Berg aufgefangen und in oft kilometerlangen Leitungen talwärts auf die Felder und Wiesen geführt. Nur an wenigen Stellen erlaubte es das schwierige Terrain, hierfür Kanäle zu graben. Häufiger mußte das Wasser durch künstliche Fuhren geleitet werden. Dutzende, ja Hunderte von ausgehöhlten, je etwa zehn Meter langen Lärchenstämmen oder aus dicken Bohlen gezimmerten Käneln wurden aneinandergereiht und ineinander verkeilt. Wo Felswände oder abschüssige Blocksturzhalden zu überwinden waren, mußten zuerst Haken in den Fels getrieben und die Känel daran aufgehängt werden. Abgründige Schluchten erforderten das vorgängige Anbringen von festen Verankerungen. Lawinenniedergänge, Felsstürze, im Wallis nicht selten auch Erdbeben schlugen immer wieder Breschen in das delikate Wasserwerk von Menschenhand. Es mußte dauernd überwacht und ausgebessert werden.

Neben jeder Fuhre gab es zu diesem Zweck einen etwa zwanzig Zentimeter breiten Fußpfad. Das tägliche Abschreiten der Fuhren, das Beheben von Schäden, das Großreinemachen im

Frühling, ganz zu schweigen vom Anbringen kompletter Neuanlagen: all das war nicht ungefährlich. Immer wieder ereigneten sich Unfälle. Entlang der Felswände führte der Pfad über aufgehängte, oft glitschige Bretter. Jeder im Dorf kam dran, denn jeder brauchte das Wasser, Walter genauso wie seine Nachbarn. Gewässert wurde auch nachts, sonntags, feiertags. Das Wasser war – wie in einer Wüstenoase – zu kostbar, um es einfach versickern oder abfließen zu lassen. Walter schien bei dieser gefährlichen Arbeit jedoch immer einen guten Schutzengel gehabt zu haben. Nie wäre ihm etwas passiert. Er starb zuhause, an einer Krankheit.

Gemeinwerke gab es auch für Frauen. Ganz besonders traf dies auf jene zu, die – wie Burgeli – als Witwen einem eigenen Haushalt vorstanden. So wie man ihnen bei schweren Arbeiten entgegenkam, so wurde umgekehrt von ihnen erwartet, daß sie den anderen mit verschiedensten Handreichungen zu Diensten waren. Jeden Frühling stand besonders das Säubern des Rottenbettes als Frauen-Gemeinwerk an, überhaupt das Wegräumen von Schutt und Steinen, die nach der Schneeschmelze immer in großer Menge liegenblieben. Ferner war das Ausbessern unzähliger Mauern und Mäuerchen zur Abstützung von Steilhängen Frauenarbeit, ebenso das Herbeischaffen von Schindeln aus den Gemeindewaldungen bei Hausbauten, das Mitanpacken beim Waschen und Ernten, das Hinaustragen von Mist auf die Felder und das Verzetteln dort, oder schließlich – und besonders häufig – das Bereitstellen von ‚Spiis', das heißt von Brot und Käse für die an einem Gemeinwerk arbeitenden Männer.

Burgeli hatte bis zu jenem Nachmittag nie besonders hierüber nachgedacht. Jetzt aber war sie froh, daß dem allem so war. Sie fühlte sich geborgen – und zwar nicht nur in der Kirche vor der Muttergottes, mit der sie gerade einsame Zwiesprache gehalten hatte. Auch draußen im Dorf war sie eingebunden in eine vielfältig unter- und miteinander verwobene Gemeinschaft. Sie gehörte dazu. Niemand grenzte sie aus, nur weil sie nun ohne Mann und ohne Kinder war und keine Verwandten im Dorf hatte. Sie konnte jederzeit mit der Hilfe und der Unterstützung anderer rechnen. Keiner hätte damals daran gedacht, jemandem einen erbetenen Dienst zu verweigern. Dabei spielte es keine Rolle, ob er ihm im übrigen wohl gesonnen war oder nicht. Es handelte sich um Dienste auf Gegenseitigkeit. (Arnold Niederer – derzeit wohl bester Kenner jener überlebensnotwendigen Walliser Gemeinwerke angesichts der schieren Überfülle stetiger Bedrohungen und widriger Umstände: vom Brandfall über Lawinenniedergänge bis zum schwierigen Kalben der Kuh –, meinte einmal treffend: „Die Mitwirkung an den Gemeinschaftsarbeiten beruhte auf der Gewißheit des Teilnehmers, in Not selbst auf eine ebensolche Hilfe rechnen zu können"; vgl. Niederer 1956, 70. – Arnold Niederer, *1914, war von 1964 bis zu seiner Emeritierung 1980 Professor für Volkskunde an der Universität Zürich. Nicht zuletzt wegen seiner langjährigen Bemühungen um die Walliser Volkskunde wurde er 1986 mit der Ehrendoktorwürde der Universität Neuenburg ausgezeichnet.)

Seit wann und weshalb sich hieran etwas geändert hat? – Zum einen, seitdem auch die Walliser bei Brandausbrüchen die Feuerwehr rufen können, zum andern, seitdem die Viehversicherungen bei Komplikationen jede Haftung ablehnen, wenn beim Kalben kein Tierarzt zugezogen wurde.

Jeder Leser möge sich vor diesem Hintergrund seine eigenen Gedanken machen über die Ursachen, die seinerzeit zuerst zur Bildung und anschließend wieder zur Auflösung von ‚Gemeinschaften' führten – nicht nur im Wallis.

2. Köln, um 1410/1420

Ich kann dem Leser nicht sagen, wer die vier Personen auf dem Bild sind (Abb. 2). Zwar habe ich lange darüber nachgedacht und auch intensiv nachgeforscht. Doch weiß ich es einfach nicht. Niemand weiß es. Der zuständige Fachreferent für Altdeutsche Malerei in der Gemäldegalerie Berlin-Dahlem, wo die Tafel heute hängt, meinte, sie wären dort in ewiger Anbetung versammelt. Das mag schon sein. Ich will einem Fachreferenten für Kunstgeschichte nicht widersprechen. – Im übrigen hatte er keine Zeit, meine Fragen zu beantworten.

Die Fachreferenten an unseren großen und berühmten Museen sind begehrte Leute. Sie scheinen immer schon die nächste Sonderausstellung vorbereiten und einen gewichtigen Artikel für einen Katalog schreiben zu müssen. Außerdem haben sie an Fachkonferenzen teilzunehmen. Sie sind deshalb oft auf Reisen und somit ortsabwesend. Zudem werden sie von Volkshochschulen aufgefordert, Abendvorträge zu halten. Auch erwartet man von ihnen, daß sie Führungen durch ihre Abteilungen anbieten, selbst samstags und sonntags. Sie haben überdies Anfragen von anderen Museen oder irgendwelchen Kulturinstituten zu beantworten, sollen Seminare für Studenten in Kunstgeschichte veranstalten, stehen auf den Programmen von Ringvorlesungen. Kurzum: fast jeder möchte etwas von ihnen haben. Eine kräftige Prise Kunst wirkt attraktiv. Was wunder, daß diese Fachreferenten oft kurz angebunden sind, wenn man mit einer Frage zu ihnen kommt. Ihre große Sachkompetenz und ihr ganzes Wissen nützen einem dann herzlich wenig. Und ihr Hinweis, doch die museumseigene Fachbibliothek aufzusuchen, wirkt auf viele eher abschreckend als einladend und tröstlich. Wer findet sich dort als Nicht-Fachmann auf Anhieb schon zurecht?

Das Bild in der Berliner Gemäldegalerie gehört seit mehr als einhundertfünfzig Jahren zum Bestand dieser Sammlung. Es wurde noch vor 1830 erworben. Alt ist es jedoch über ein halbes Jahrtausend. Seine Entstehungszeit soll zwischen 1410 und 1420 liegen. Dies weiß man nicht so genau, weiß auch nicht, von wem das Bild ist. So bekam der oder die Maler – vielleicht arbeiteten mehrere gleichzeitig am Bild zusammen – den Notnamen ‚Kölner Meister'. Das ist in derlei Fällen bei Kunsthistorikern und Museumsfachleuten so üblich.

Es ist kein besonders schönes Gemälde. Außerdem ist es nicht gerade gut erhalten. Da und dort fehlen ganze Farbschichten. Das blanke Eichenholz kommt zum Vorschein. Es wundert deshalb wenig, daß nur selten ein Besucher davor innehält und sich in das vertieft, was es da zu sehen gibt. Meistens habe ich das Bild für mich allein. Ich besuche es oft. Es ist nur fünf

Abb. 2: Kölner Meister, Die Familie des Stifters. Um 1410–1420.

Minuten von meinem Arbeitsplatz an der Universität entfernt. Und zu sehen gibt es auf dem Bild eine ganze Menge.

Eigentlich ist es nicht *ein* Bild, sondern es sind mehrere, fünfunddreißig insgesamt (Abb. 3). Die Bildfelder sind in Siebenerreihen angeordnet, fünf Reihen übereinander. Alle Felder sind gleich groß, besser gesagt, gleich klein. Sie messen nur fünfzehn mal fünfzehn Zentimeter. Insgesamt hat die Tafel eine Breite von 111 und eine Höhe von 82 Zentimetern. Da in jedem Bildfeld eine eigene Geschichte erzählt wird und deshalb meist eine Vielzahl von Personen, Gerätschaften oder Bauwerken zu sehen ist, wollte ich die oft winzigen Darstellungen einmal mit einem Vergrößerungsglas genauer betrachten. Doch das war keine gute Idee. Der herbeieilende Wärter untersagte mir jedes Hantieren mit der Lupe. Er könne nicht ausschließen, daß ich trotz aller versprochenen Vorsicht mit dem metallgefaßten Gegenstand gegen das Bild stoßen und dadurch Alarm auslösen würde. Da ich mein Vorhaben, die Bildfelder aus der Nähe zu studieren, deshalb jedoch nicht aufgeben wollte, blieb mir nur der Ausweg, vom Museumsfotografen Einzelaufnahmen zumindest von jenen Täfelchen anfertigen zu lassen, die mich besonders interessierten. Sie liegen mir jetzt in Großformat vor – größer sogar als das Original. Ich kann mich in aller Ruhe jederzeit beliebig lang in sie hinein vertiefen. Eines davon zeigt die vier Personen, von denen eingangs die Rede war.

Wenn wir dieses Bild nun zuerst betrachten, fangen wir eigentlich in der falschen Reihenfolge an, denn bei ihm handelt es sich um das fünfunddreißigste und somit letzte der ganzen Abfolge. Wenn ich es darüber hinaus ins Zentrum dieser Geschichte rücke, ist auch das nochmals ‚falsch'. Die vier Personen stellten sich selbst ja eben *nicht* in den Mittelpunkt, sondern sie wollten nur am Rande mit dabei sein. *Dieser* Umstand ist für mich hier jedoch entscheidend: sie wollten *dabei* sein. Sie *sind* es. In des Wortes eigentlicher Meinung sind sie *im Bild*. Der Rahmen der ganzen Tafel umgibt sie genauso wie die übrigen vierunddreißig Einzelteile auch. Er hält sie fest. Sie gehören *mit* zur Geschichte. Sie nehmen teil am Geschehen, das sich da abspielt.

An was für einem Geschehen? Man könnte die vierunddreißig vorangehenden Felder als Momentaufnahmen aus einer Filmserie bezeichnen. Sie schildern der Reihe nach das Leben und Wirken Christi, angefangen mit der Verkündigung an Maria über die Leidensgeschichte und das Erscheinen Jesu nach dem Tod bis zum Jüngsten Gericht. Bisweilen ist ein Täfelchen auch zwei-, einmal sogar dreigeteilt. Wessen Bibelkenntnisse zu dürftig geworden sind, um über diese Abfolge noch länger Bescheid zu wissen, kann im Museumsführer nachlesen, was die Szenen darstellen. Von links oben nach rechts unten sehen wir: 1. Die Verkündigung an Maria. – 2. Die Heimsuchung Elisabeths. – 3. Maria und Joseph auf dem Weg nach Bethlehem. – 4. Die Geburt Christi. – 5. Die Beschneidung Christi. – 6. Die Anbetung der Heiligen Drei Könige. – 7. Die Darbringung im Tempel. – 8. Jesus als Zwölfjähriger im Gespräch mit den Schriftgelehrten. – 9. Oben: Jesus spielt mit Knaben – links Kreisel und Murmelspiele, rechts hängt Jesus ein tönernes Gefäß an einen Sonnenstrahl. Den anderen Knaben, die es auch versuchen, fallen die Gefäße herab und zerbrechen. Auf Geheiß Jesu aber füllen sie sich wieder mit Wasser; unten: die Taufe Christi. – 10. Christi predigt und lehrt. – 11. Oben: Der Einzug in Jerusalem; unten: der Abschied Christi von seiner Mutter. – 12. Das Abendmahl. – 13. Die Fußwaschung der Apostel. – 14. Christi Gebet am Ölberg. – 15. Die Gefangennahme Christi. – 16. Der Verrat des Judas (Judaskuß). – 17. Christus vor dem Hohepriester Hannas. – 18. Christus vor dem Hohepriester Kaiphas. – 19. Christus vor dem Statthalter Pontius Pilatus. – 20. Geißelung Christi. – 21. Dornenkrönung und Verspottung Christi. – 22. Pilatus wäscht seine Hände in Unschuld. – 23. Die Kreuztragung Christi. – 24. Die Entkleidung Christi. – 25. Christus wird ans Kreuz genagelt. – 26. Die Kreuzigung Christi. – 27. Die Kreuzabnahme. – 28. Die Beweinung Christi (Pietà). – 29. Die Grablegung. – 30. Oben: Christus in der Vorhölle erlöst die Seelen aus dem Fegefeuer; unten: die Auferstehung Christi. – 31. Christi Himmelfahrt vor den Jüngern. – 32. Die Ausgießung des Heiligen Geistes (Pfingsten). – 33. Der Tod Mariens. – 34. Das Jüngste Gericht. – 35. Die Familie des Stifters.

Abb. 3: Kölner Meister, Das Leben Christi. Um 1410-1420.

Da niemand den im letzten Feld mit seiner Frau und den beiden Töchtern dargestellten Stifter kennt, darf sich jeder Leser selbst eine passende Geschichte ausdenken. Passend meint, daß sie in die Entstehungszeit und den Entstehungsort des Gemälde passen sollte. Auch ich habe mir eine solche Geschichte ausgedacht und will sie dem Leser nun erzählen.

Es war zu Beginn des 15. Jahrhunderts in Köln, einer der damals bedeutendsten Städte am Rhein. Köln lag im Schnittpunkt wichtiger Verkehrswege zwischen West und Ost, Nord und Süd. Dies begünstigte den Ausbau enger Handelsbeziehungen nach allen Seiten. Auf Kölner Kaufleute traf man in ganz Europa. Doch die Stadt war nicht nur reich, sondern auch ein weit ausstrahlendes geistiges und kirchliches Zentrum. Abgesehen vom Dom gab es damals achtzehn Pfarrkirchen, elf Stifte, drei Dutzend Klöster sowie eine Reihe von Kapellen und Konventen. Seit 1388 hatte die Stadt ihre eigene Universität. Zudem war Köln um 1400 eines der führenden Kunstzentren in Europa. Es gab unzählige Maler-Ateliers mit einer Fülle herausragender Meister. Die wenigsten von ihnen waren in der Stadt geboren. Köln wirkte auf sie wie ein Magnet. Dieser einzigartigen Blüte der Kölner Tafelmalerei verdanken auch wir unser Bild.

Wie *groß* Köln zu jener Zeit war, wieviele Einwohner es hatte, das weiß niemand, nicht einmal ungefähr. Vielleicht waren es dreißigtausend Menschen? So jedenfalls liest man es in Handbüchern zur Kölner Geschichte immer wieder. Diese ‚runde Zahl' bezieht sich nicht auf ein bestimmtes Jahr, sondern steht ganz allgemein für ‚die Einwohnerzahl Kölns im 15. Jahrhundert' (Abb. 4). Dem Einzelindividuum maß man damals kein so großes Gewicht bei, als daß man stets gewußt hätte oder auch nur wissen wollte, wieviele es davon gab. Das menschliche Leben war in jener Zeit eine unsichere Angelegenheit. Das eine konnte zehn Jahre währen, das andere zwei, wieder ein anderes fünfzig oder sechzig. Aber gewiß war das keineswegs. Man braucht zur Illustration dieses Sachverhalts bloß einmal in den erwähnten Handbüchern zur Geschichte Kölns etwa unter ‚Pestjahre' nachzuschlagen und begegnet dann – allein bezogen

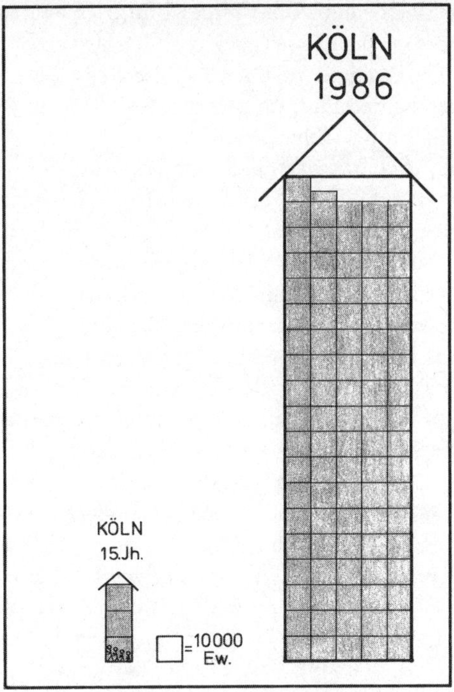

Abb. 4: Einwohnerzahl Kölns im 15. Jahrhundert (‚etwa 30000‘) und Mitte 1986 (914000).

auf unseren Zeitraum – der imponierenden Zahlenreihe: „1349, 1350, 1356–58, 1365, 1383, 1396, 1400, 1401, 1402, 1409, 1428, 1438 bis 42, 1450, 1453, 1464, 1472, 1481, 1494, 1502, 1506, 1518“. Wichtiger waren damals die Herdstellen, waren Familien und Geschlechter, Gemeinschaften somit, die den Einzelmenschen überdauerten und die man somit leichter mit kontinuierlichen Steuern und Abgaben belegen konnte. Doch davon waren bei weitem nicht alle Bewohner betroffen. Ein regelmäßiges gesichertes Einkommen hatten auch in einer reichen Stadt wie Köln damals nur wenige. Die andern lebten von der Hand in den Mund.

Vielleicht dürfte der völlig ungewohnte Größenvergleich in Abbildung 4 manchen Leser nachdenklich gestimmt haben. Genau dies sollte das Bild vom Zwerg und dem Riesen auch tun. Wir sprechen beide Male von ‚Köln' – einmal ‚Köln im 15. Jahrhundert' und einmal ‚Köln 1986'. Doch was für ein gewaltiger Unterschied besteht zwischen diesen beiden Zeitpunkten allein im Hinblick auf die Bevölkerungszahl! Die Gegenüberstellung soll etwas von den Schwierigkeiten erahnen lassen, die es selbst professionelle Historiker kostet, sich in die Mentalität unserer Vorfahren auch vor bloß ein paar Jahrhunderten zurückzuversetzen. Ein Mensch unter dreißigtausend gewesen zu sein mußte etwas ganz anderes bedeuten, als heute einer unter neunhunderttausend zu sein.

Im übrigen aber fiele es nicht besonders schwer, das tägliche Umfeld unserer Familie mit weiteren Pinselstrichen in ähnlicher Weise nachzuzeichnen, wie ich es in der Eingangsgeschichte für Burgeli in Naters getan habe. Die Quellen zur Geschichte Kölns fließen auch für jene Zeiten schon reichlich. Entsprechend umfangreich ist die historische Fachliteratur. Ein paar Stichpunkte zur damaligen Geschichte Kölns sollen als Rahmen hier jedoch genügen. Jeder Leser kann an verschiedenen Stellen selbst nachlesen, wie zum Beispiel die stadtkölnischen Truppen am 5. Juni 1288 ihre erzbischöflichen Rivalen bei Worringen schlugen und seit jener Zeit das Regiment in der Stadt praktisch allein ausübten. Daß der Erzbischof auch anschließend noch ihr oberster Gerichtsherr war, hatte nicht mehr viel zu bedeuten. Im 14. Jahrhundert bekämpften einander die zur Macht gekommenen Patriziergeschlechter dann allerdings selbst. Gleichzeitig drängten die Zünfte immer stärker auf eine Mitbeteiligung am Regiment. Am 18. Juni 1396 gelang es der gewerbetreibenden Bürgerschaft schließlich, das Kaufmannspatriziat in einer unblutigen Revolte abzulösen. Seit damals stand *sie* an der Spitze des Kölner Gemeinwesens.

Es ist nicht undenkbar, daß auch unsere Familie zur neuen Führungsschicht gehörte und selbstbewußt den Auftrag zu jenem Bild erteilte, in dessen fünfunddreißigstem Feld sie sich verewigte. Diese Art von Ewigkeit dauert inzwischen immerhin schon mehr als ein halbes Jahrtausend und somit länger, als es der allfällige Nachruhm von irgendeinem unter uns wohl jemals tun wird. Irgendwelche kennzeichnenden Insignien fehlen auf der Bildtafel allerdings. Da nützte mir auch eine noch so gute Lupe nichts. Kein Siegelring schmückt die Hand des Vaters. Kein Wappen ziert seinen Rock. Kein heraldisches Emblem hängt an der Wand. Und weiterhelfende Inschriften gibt es schon gar nicht. Die vier Personen werden vor neutralem Goldgrund gezeigt.

Da knien sie nun, die vier, eine Person hinter der andern. Zuvorderst der Vater, breit und beinahe behäbig, mit markantem Gesicht und ausgeprägter Knollennase, dahinter zarter und schmächtiger die Mutter, dann die ältere und schließlich die jüngere Tochter. Die Eltern tragen dunkle, die Töchter hellere – im Original rote – Gewänder. Sie fallen bis auf den Boden, so daß man nirgends auch nur einen Fuß erspähen könnte. Die Hände haben sie alle in gleicher Weise vor der Brust gefaltet. Die viermalige rhythmische Wiederholung erinnert an das monoton eindringliche „Bitt, für uns!“ einer Litanei. Die knieenden Personen scheinen wirklich wie versunken in die Betrachtung des Geschehens, das sich in den vierunddreißig Täfelchen vor ihnen abspielt. Man könnte in der Tat auf die Idee kommen, sie wären in ewiger Anbetung versammelt – so wie es uns der zuständige Fachreferent im Museum gesagt hatte.

Und trotzdem drängen sich noch weitere Gedanken auf. Ohne hier den Alltag dieser Familie weiter ausmalen zu wollen, läßt sich doch leicht vorstellen, daß auch sie eine Reihe von Sorgen und Nöten gekannt haben mußte, um deren Abwendung oder Linderung sie immer wieder gefleht haben dürfte. Läßt uns nicht schon ein Familienbild aus jener Zeit mit bloß *zwei* halbwegs erwachsenen Töchtern – ohne weitere Kinder, ohne Söhne – stutzig werden? Vielleicht baten die Eltern um weiteren Kindersegen, besonders um einen Stammhalter? Oder vielleicht baten alle vier um eine gute Heirat für die eine oder die andere Tochter? Sind die beiden möglicherweise deshalb auf dem Bild so schön herausgeputzt und zeigen aufgeräumte freundliche Gesichter?

Meine Überlegungen zielen jedoch in eine andere Richtung. Nehmen wir an, die ältere der beiden Töchter habe Johanna geheißen. Ihrem Aussehen nach dürfte sie damals vielleicht fünfzehn Jahre alt gewesen sein. Wie die anderen Familienmitglieder auf dem Bild, ist auch Johanna in die Betrachtung der vorangehenden Tafeln versunken. Ihr dürfte deren Inhalt – anders als uns heute – noch völlig geläufig gewesen sein. Irgendwelche erklärenden Schriftrollen oder Sprechblasen wären in den Bildfeldern jedenfalls nicht zu entdecken.

Wahrscheinlich bewahrten Johannas Eltern das ‚Leben Christi' bei sich zuhause auf. Die Einzeldarstellungen sind viel zu klein, als daß man sie aus mehr als einem oder zwei Metern Entfernung noch erkennen könnte. Sie dürften für den privaten Gebrauch durch die Auftraggeber-Familie bestimmt gewesen sein. In ihrer szenischen Abfolge erinnern sie einen an ein Schulbuch. Es sieht fast so aus, als ob hier jemandem – den beiden Töchtern? – die Geschichte unseres Herrn und Heilandes eingetrichtert werden sollte. Vielleicht wurde es auch für die private Andacht benutzt?

Als Johanna noch jünger gewesen war, hatte sie – wie jetzt ihre kleinere Schwester – immer wieder großes Gefallen an den kindlichen Darstellungen des Jesusknaben gefunden und ebenso an jenen Täfelchen, auf denen Kinder zu entdecken waren. Dies betraf etwa jenes Bild in der zweiten Reihe links außen, wo der zwölfjährige Jesusknabe auf einem prächtigen Thron im Tempel Platz genommen hat und sich wie ein Großer mit den Schriftgelehrten unterhält. Oder es betrifft die obere Hälfte des anschließenden Täfelchens mit den lustigen Kreisel- und Murmelspielen. Desgleichen hatte Johanna das Bild mit dem Einzug in Jerusalem immer gern gemocht. Da reitet Christus von links auf einer Eselin dem Jerusalemer Stadttor entgegen. Zu seinen Füßen breitet ein Kind Gewandstücke wie einen Teppich zum Empfang aus. Der Baum daneben soll wohl eine Palme sein, von dem der Knabe anschließend Zweige abreißen würde, um den Herrn feierlich zu begrüßen.

Inzwischen aber waren für die herangewachsene Johanna andere Bildinhalte wichtiger geworden, so die Darstellung des

Abendmahls oder die Erlösung der Seelen aus dem Fegefeuer durch Christus in der Vorhölle, aber auch das den Zyklus abschließende Bild des Jüngsten Gerichts. Schauen auch wir uns diese Bildtafeln deshalb noch etwas näher an.

Beim Abendmahl sitzen die zwölf Jünger um einen rechteckigen Tisch herum, in ihrer Mitte hinter dem Tisch Christus (fünftes Bildfeld in der zweiten Reihe, vgl. Abb. 5. Diese sowie die beiden folgenden Abbildungen 6 und 7 sind bereits jenem erweiterten Umfeld entnommen, auf das ich unten zu sprechen komme; vgl. auch die Legenden zu diesen drei Abbildungen). Einige der Jünger kennen selbst wir heute noch, so etwa zur Rechten des Herrn Petrus mit seinem breitem Gesicht und dem Rundbart sowie dem dichten Seitenhaar und der Tonsur, oder mit dem Rücken zu uns den Verräter Judas. Ihm reicht Christus einen Bissen über den Tisch. Auch ist er als einziger ohne Heiligenschein dargestellt.

Und dann gibt es da noch einen, der unsere spezielle Aufmerksamkeit auf sich zieht, nämlich den Lieblingsjünger Johannes. Dies ist nicht etwa deshalb der Fall, weil er uns besonders durchdringend ansehen würde. Im Gegenteil – er schläft. Aber er schläft in den Armen des Herrn, den Kopf von links über die Tischplatte geneigt. Da sein Haupt somit direkt vor die Brust Christi zu liegen kommt, rückt Johannes genau in den Mittelpunkt des Bildes. Christus selbst widmet ihm zwar keine besondere Aufmerksamkeit. Er schaut ihn nicht einmal an. Doch ruht seine linke Hand auf der Rechten des Lieblingsjüngers.

Vertieft man sich in dieses Bild, dann kommt es einem so vor – und mußte schon Johanna so vorgekommen sein –, als ob der ermattet eingenickte Jünger in den Armen seines Herrn aufgehoben wäre. So verwundert es uns wenig, wenn wir von den Kunsthistorikern zu hören bekommen, daß sich dieses Motiv im Laufe der Zeit aus der Abendmahlsszene herausgelöst und verselbständigt habe. Diese Entwicklung war zu Johannas Zeiten bereits vollzogen. Die Kunstspezialisten sprechen in diesem Zusammenhang von den mit großer Innerlichkeit gestalteten ‚Christus-Johannes-Gruppen'. Als Plastiken waren sie im 14. Jahrhundert besonders in alemannisch-schwäbischen Frau-

Abb. 5: Meister des Hausbuches, Abendmahl.
Letztes Viertel des 15. Jahrhunderts (vgl. S. 42).

enklöstern zu finden. Innige Frömmigkeit mochte sich dort bisweilen bis zu religiöser Hysterie gesteigert haben. (Interessierte Leser seien hier besonders auf die Arbeiten von Demmler 1921, Haussherr 1964 und 1975, Kurth 1933, Langer 1987, Wentzel 1947 und 1959 hingewiesen.)

Abb. 6: Meister Bertram (in oder bei Minden in Westfalen um 1340 – Hamburg 1414/1415), Höllenfahrt Christi.

Ohne hier gleich selbst so weit gehen zu wollen, scheint mir im Hinblick auf jene immer wieder durch ‚Pest, Hunger und Krieg' gebeutelte Zeit doch wichtig festzuhalten, daß im Zentrum der Abendmahlsszene ein erschöpfter Mensch zu sehen ist, der in den Armen eines Gottes ruht. Mit ihm konnte sich damals jeder leicht identifizieren, wenn er selbst ermattet und bedrückt war und Trost im Alltag brauchte – *auch Johanna.*

Noch einen Schritt weiter führen uns die beiden anderen Bilder: ‚Christus in der Vorhölle' (obere Hälfte des zweiten Bildfeldes in der fünften Reihe) und das ‚Jüngste Gericht' (zweitletztes Bild in der fünften Reihe). Beim zuerst erwähnten ist ein ähnliches Thema wie in der Abendmahlsszene in den Bildmittelpunkt gerückt: Christus greift mit seiner Linken – in der

Rechten hat er den Kreuzesstab als Siegeszeichen – nach den ausgestreckten Armen des nackten Adam und entreißt ihn dem mit weitaufgerissenem Maul fürchterlich aussehenden Höllenschlund (Abb. 6; wie bereits Abb. 5 dem erweiterten Umfeld entnommen, hier einem Passionsaltar des Meister Bertram). Kunsthistoriker haben hierzu wiederum ihre eigenen motivgeschichtlichen Untersuchungen angestellt. Sie sprechen vom ‚Griff ans Handgelenk'. Die bildende Kunst hatte dieses Motiv seit Jahrtausenden benutzt. Als bezwingender Gestus kam es bereits in der Antike vor.

Kein anderes Ergreifen der Hand verleiht dem Zugriff so viel Sicherheit und Macht wie der ‚Griff ans Handgelenk'. Mit ihm kann der Mensch Gewalt gegen andere ausüben. Er kann aber auch Gewalt abwehren oder – wie im vorliegenden Fall – dem Schwachen Hilfe leisten. Mit dem ‚Griff ans Handgelenk' befreit hier Christus die Stammeltern Adam und Eva aus der Vorhölle. Hinter ihnen drängt sich eine unübersehbare Schar von Auserwählten des Alten Bundes in gleicher Erwartung auf Erlösung. Wer wollte es Johanna verübeln, wenn sie sich wieder mit einem unter ihnen identifizierte? (Zum ‚Griff ans Handgelenk' und zu ‚Christus in der Vorhölle' vgl. Bauer 1948, Haas 1984, Loeschcke 1965.)

Beim ‚Jüngsten Gericht' dominiert schließlich eine als ‚Deesis' bezeichnete Darstellung. Ihr dürfte Johanna, wenn auch nicht gerade auf Schritt und Tritt, so bei ihren täglichen Gängen in Köln doch vielerorts begegnet sein. Manche Bogenfelder an Kirchenportalen waren seit dem 12. Jahrhundert damit geschmückt. Christus sitzt als Weltenrichter am Ende der Tage zwischen Maria zu seiner Rechten und Johannes dem Täufer im härenen Gewand zu seiner Linken. Beide wenden sich ihm in flehentlicher Gebärde zu und legen Fürbitte für Lebende und Verstorbene ein. Von Christi Mund weist ein Schwert nach links auf die Seite der Verdammten. Eine Lilie zeigt nach rechts auf die Seite der Begnadeten. Unten sieht man, wie die Toten, von den Posaunenklängen zweier Engel zum Leben erweckt, aus ihren Gräbern steigen und je nach Gerichtsurteil von Teufeln an die Kette gelegt und in den aufgerissenen Höllenschlund

Abb. 7: Anonymer Augsburger Meister, Auferstehung der Toten. 1482.

gezerrt werden, oder aber als Auserwählte nach rechts in die ewige Herrlichkeit Gottes eingehen.

Hatte Johanna nicht allen Grund zu hoffen, dereinst zu ihnen zu zählen? Und wieso sollte sie sich vor dem Sterben fürchten? „Tod, wo bleibt dein Stachel?“: Noch heute heißt es im Apostolischen Glaubensbekenntnis beider Konfessionen: „Ich glaube an eine Auferstehung der Toten und das ewige Leben" (Abb. 7; wie bereits die Abb. 5 und 6 dem erweiterten Umfeld entnommen, hier aus dem ‚Berliner Weltgerichtsspiel').

Bei der langen Beschäftigung mit dem Kölner Meister und seinem Werk habe ich eine ganze Reihe weiterer Dinge gelernt – nicht zuletzt, angesichts der Bildinhalte wieder einmal die relevanten Bibelstellen zu lesen. Obwohl ich mich auf den wenigen Seiten hier nicht weiter darüber auslassen will, möchte ich auf einen Punkt doch noch zu sprechen kommen. Nicht nur lassen sich an ihm einige grundlegende Einsichten in die Mentalität jener Zeit vermitteln, sondern man kann über ihn auch einen Zusammenhang mit der Plazierung der Stifterfamilie auf unserer Tafel herstellen, ihrem ‚im Bild Sein', dem ‚am Geschehen Teilhaben, und dem ‚nicht ausgeschlossen Sein'.

Jede selbst noch so oberflächliche Beschäftigung mit der Kölner Malerei um 1400 läßt erahnen, daß wir es hier mit einem der Höhepunkte deutscher Kunstgeschichte zu tun haben. Da würde man doch eigentlich annehmen, daß die Schöpfer dieser einzigartigen und – zum Teil jedenfalls – bis heute erhaltenen Kunstwerke bekannt und berühmt wären. Berühmt sind sie schon, doch bekannt nicht. Man kann auch umgekehrt sagen: bekannt sind die Künstler schon, aber man weiß nicht, welche Name zu welchen Kunstwerken gehören. Die einzige Ausnahme bildet Stephan Lochner, und auch bei ihm ist dies nur einem Zufall zuzuschreiben. (Stephan Lochner wurde um 1400 in Meersburg am Bodensee geboren. Er starb 1451/52 in Köln, wo er um 1440 erstmals erwähnt wird. Vgl. König 1989, 142.)

Ist dies nicht merkwürdig? Da wissen wir einerseits aus den Kölner Quellen zwischen 1380 und 1420 die genauen Namen von vielen Malern, so von Tilman Eckardi, Peter Groene, Johan Platvoys II., Goswin von Koyningstorp oder Hermann Wynrich von Wesel. Sie waren reich. Sie hatten Besitz in der Stadt. Eigentum aber mußte mitsamt dem Eigentümer in den Grundbüchern eingetragen sein. Andererseits haben wir die berühmten Gemälde vor Augen, so etwa die vielen herrlichen Kölner Altartafeln. Aber mangels Zuschreibungsgewißheit müssen wir ihre Urheber mit Notnamen belegen. Da gibt es einen ‚Meister der Heiligen Veronika', einen ,Meister der Heiligen Sippe' oder einen ,Älteren und einen Jüngeren Meister des Klaren-Altars'. Es gibt den ,Laurenzmeister', den ,Älteren Meister des Wasservass-Altars', den ,Meister der kleinen Passion', den ,Meister des Gereon-Altars', den ,Meister des Pallant-Altars'. Wir könnten die beiden Reihen – hie Künstler, da Werke – je für sich fast beliebig fortsetzen.

Waren die Künstler an ihrem Ruhm und Nachruhm damals so wenig interessiert? Sie malten im Auftrag der Kirche – zur größeren Ehre Gottes. Sie malten im Auftrag Privater – zu deren Ergötzen oder *deren* Ruhm. Wichtiger als eigener Ruhm war für die Maler, ein Auskommen zu haben und dadurch ihre Existenz zu sichern. Dies aber konnte man damals schwerlich als Einzelindividuum. Hundertfache Erfahrung hatte jene Menschen gelehrt, *Gemeinschaften* zu bilden und – dem Überlebensinstinkt folgend – rigoros daran festzuhalten. In der ersten Geschichte war im gleichen Zusammenhang von *Gemeinwerk* der Walliser die Rede. Dahinter steckte dieselbe Überlebensstrategie.

So waren auch die Kölner Maler, wie damals alle Kölner Handwerker, in einer Zunft organisiert. Über diese Gemeinschaft sind wir sogar ungewöhnlich gut unterrichtet, weil die erste überlieferte Zunft- oder Amtsordnung der Maler in zwei Fassungen nur kurz vor ,unserer' Zeit, nämlich zwischen 1371 und 1396, entstanden war. So durfte zum Beispiel nur Bilder malen und verkaufen, wer Mitglied dieser Zunft war. Alle Maler *mußten* ihr beitreten, nachdem sie die gleiche Ausbildung durchlaufen hatten. Sie regelte die Ausbildung der Lehrlinge und Gesellen, legte die Bedingungen für eine definitive Aufnahme fest, reglementierte das Verhältnis der Mitglieder untereinander, entschied über den Ankauf von Farben und vieles andere mehr. Aus praktischen Gründen hatte die Zunft auch ein Interesse daran, daß ihre Mitglieder nicht allzu zerstreut wohnten. Auf diese Weise war die Arbeit des einzelnen, aber auch die der Konkurrenz, leichter zu kontrollieren. Zudem konnten die Mitglieder in dringenden Angelegenheiten schneller benachrichtigt und versammelt werden. Schildergasse hieß über Jahrhunderte und heißt bis heute jener Straßenzug, in dem die meisten ‚Schilderer', das heißt Maler wohnten. Die Zunft war außerdem das politische Organ der Maler. Der von allen Mitgliedern jährlich neu gewählte Amtsmeister hatte automatisch Sitz und Stimme im städtischen Rat.

So wie jenes weiter oben erwähnte Mitinbegriffensein auf der Tafel unserer Stifterfamilie ein Gefühl der Einbindung und Geborgenheit vermittelt haben mußte, so gewährte auch die Zunftgemeinschaft ihren Angehörigen ein hohes Maß an physischer, sozialer, ökonomischer und dadurch psychischer Sicherheit. War das in jener Zeit im einen wie im anderen Falle etwa nicht *genug*? Wieso sollten die Künstler ihre Kunstwerke signieren und sich so den Betrachtern aufdrängen? Und was für einen Grund sollte die Stifterfamilie haben, sich durch Wappen, Siegel, Embleme oder gar Namensnennung der Nachwelt zu erkennen zu geben?

Ich hatte eingangs eingestanden, die Tafel des Kölner Meisters in mindestens zweierlei Hinsicht ‚falsch' zu sehen. Zum einen rollte ich die Abfolge der fünfunddreißig Bildfelder ‚von hinten', auf. Zum andern rückte ich die Familie des Stifters, ja sogar nur dessen eine Tochter Johanna ins Zentrum meiner Überlegungen. Natürlich stehe ich nach wie vor zu diesem Eingeständnis. Es ist mir zudem klar, daß mein ‚falsch Sehen' eigentlich noch viel weiter reicht. Schließlich habe ich die ganze Geschichte *aus meiner Sicht* erzählt. Dabei tut wenig zur Sache, daß ich aus beruflichen Gründen über eine Reihe von historischen Fachkenntnissen verfüge, die mich davor bewahren, eine allzu ‚unpassende' oder gar ‚unkorrekte' Geschichte zu erfinden.

Erfunden aber ist sie allemal. Johanna hat mir nicht eine einzige Frage persönlich beantwortet. Ich kann keineswegs sicher sein, daß ihre Sicht der Dinge auch nur annähernd dieselbe war, wie es die meine heute ist – wahrscheinlich sogar nicht. Keine der vier dargestellten Figuren hätte zum Beispiel je im Traum daran gedacht – und auch der Schöpfer der Tafel, der Kölner Meister nicht –, daß dieses Bild dereinst in einem ‚Museum' ausgestellt würde, wo dann die Betrachter aus Sicherheitsgründen davon abgehalten werden, es allzu genau anzusehen. Johanna dagegen mochte anhand dieser Bildtafel und unter Anleitung von Vater und Mutter das Leben Jesu ‚buchstabieren' und ‚lesen' gelernt haben. Oft genug dürfte sie dabei mit ihrem Zeigefinger den einzelnen Figuren nachgefahren sein.

Trotz allem scheint mir, daß mein Eingeständnis etwas voreilig erfolgte. Jedenfalls möchte ich es nicht einfach kommentarlos so stehen lassen. Denn was heißt schon ‚falsch sehen' oder ‚richtig sehen'? Seitdem mir klar ist, daß auch der Kölner Meister um 1410/20 an vielen Stellen seines Werkes ‚falsch' sah, beurteile ich ‚richtig' und ‚falsch sehen' etwas anders. Mit ‚falsch' meine ich bei ihm nicht die nachweislich ‚falschen' Perspektiven und nicht die ‚falschen' Größenverhältnisse zwischen einzelnen Bauten oder Gerätschaften und den dazwischen agierenden Personen. Ich meine damit auch nicht die ‚falsche' Palme, die mit einer ‚richtigen' Palme wenig gemein hat. Bei ‚falsch gesehen' denke ich vielmehr an das, was der Maler von sich aus *frei erfunden* und hinzugefügt hat.

Im höchst wahrscheinlichen Gegensatz zum Kölner Meister habe ich in Jerusalem wiederholt und mit eigenen Augen jene Heiligen Stätten *gesehen*, die er so phantasievoll ausmalte. Oder ich habe jedenfalls das gesehen, was bis heute davon erhalten geblieben ist. Ich denke hierbei an den Berg Zion, den Abendmahlssaal, den Ort der Fußwaschung, den Garten Gethsemane, den Ölberg. So wie uns das der Kölner Meister auf seinen Täfelchen vor Augen führt, sieht das in Wirklichkeit alles nicht aus. Auch er hat also eine für ihn und den damaligen Betrachter ‚passende' Hintergrundgeschichte erfunden und gemalt. War das deshalb ‚falsch'? Ich kann es nicht finden. Wieso aber sollte dann ‚falsch' sein, was wir hier in ähnlicher Absicht tun? (Wer übrigens noch nie selbst an den Heiligen Stätten in Jerusalem gewesen ist, mag hier mit Gewinn den Band von John Wilkinson ‚Jerusalem as Jesus knew it' zur Hand nehmen und die zahlreichen Abbildungen mit dem Werk des Kölner Meisters vergleichen; Wilkinson 1978.)

Zur Zeit des Kölner Meisters erfüllte die Tafel mit der Bildsequenz eine bestimmte, letztlich wohl didaktische Aufgabe. Dieser Funktion hatte sich die Darstellung unterzuordnen. Für mich hat das Gemälde diese Funktion verloren. Ich sehe es mit anderen Augen. Aber dadurch, *daß* ich es ansehe, und zwar häufig ansehe, hat es für mich eine *neue* Funktion erhalten. Das Bild bedeutet mir etwas. Es bedeutet mir sogar viel. Nicht weil es ‚schön' ist; das ist es gerade nicht. Sondern weil es mir die Augen öffnete. An ihm habe ich *sehen* gelernt. Die Bildbetrachtung wurde für mich zu einem Schlüsselerlebnis. Es erschloß mir den Zugang zu einer Vielzahl weiterer Gemälde. Schließlich hängt es nicht allein im Dahlemer Museum, sondern ist dort umgeben von Dutzenden weiterer Bilder. Manche Gemälde in seiner unmittelbaren Nachbarschaft behandeln ähnliche Themen. Das Interesse, auch sie eines nach dem anderen näher anzusehen, war durch das ‚Leben Christi' in mir geweckt und ließ mich auf immer neue Erkundigungsgänge gehen.

Wozu das in der Zwischenzeit geführt hat, schildere ich abschließend noch kurz an einem Beispiel. Fällt der Bericht darüber auch nur knapp aus, so gebe ich die dabei nach und nach entstandenen Strichzeichnungen doch komplett wieder (Abb. 8–13; vgl. hierzu auch nochmals die Abb. 5–7 samt deren Legenden, die alle bereits dem hier zur Sprache kommenden erweiterten Umfeld entnommen sind). Ich tue das nicht, weil meine Nachzeichnungen besonders ‚schön' wären. Fotoaufnahmen sähen wahrscheinlich ‚schöner' aus. Ein Bild in Sekundenschnelle zu fotografieren ist jedoch etwas anderes, als ein Bild stundenlang anzusehen und es in einer Strichzeichnung wiederzugeben. Auf das An*sehen* aber kommt es mir hier an. Manchem Leser dürfte dies am Anfang schwer fallen. Bei mir war das nicht anders. Wir scheinen verlernt zu haben, ein Bild in

Abb. 5: Meister des Hausbuches, Abendmahl. Letztes Viertel des 15. Jahrhunderts (vgl. S. 42).

Abb. 8: Meister des Hausbuches, Die Fußwaschung der Apostel. Um 1475–80.

Abb. 10: Meister des Hausbuches, Christus vor Kaiphas. Letztes Viertel des 15. Jahrhunderts.

(5)

(8)

(10)

Ruhe zu betrachten, uns darauf zu konzentrieren, seine Einzelheiten in Formen und Farben zu entdecken, es sozusagen zu buchstabieren, mit ihm Zwiesprache zu halten und über seinen Inhalt in Muße nachzudenken. Zu solch geduldigem Hinsehen aber zwingt das Nachzeichnen. Ich kann die Übung nicht genug empfehlen. Sie trägt ungewöhnlich reiche Früchte. Wer auf diese Weise erst einmal sehen gelernt hat, dem tun sich neue Welten auf – nicht nur in unseren berühmten Museen. Sehend geht er anschließend auch durch weitaus bescheidener ausgestattete Sammlungen wo auch immer auf der Welt. Und überall wird er dabei aufs reichste beschenkt. Eine einzige Stunde zum Beispiel vor einigen Golconda-Miniaturmalereien im Salar Jung-Museum von Hyderabad in Südindien kann einem dann mehr einbringen als der gesamte übrige Tag auf hektischem Sightseeing.

Nur ein paar Meter vom ‚Leben Christi' entfernt hängt in der Gemäldegalerie Dahlem eine ‚Fußwaschung der Apostel' (Abb. 8). Wer sich zuvor längere Zeit mit dem Gemälde des Kölner Meisters beschäftigt hat, kann dann eigentlich gar nicht mehr anders, als auch davor stehen zu bleiben und sich hinein zu vertiefen. Das lohnt sich hier schon deswegen, weil diese ‚Fußwaschung' nicht nur, wie diejenige im Kölner Bilderzyklus, fünfzehn mal fünfzehn Zentimeter mißt, sondern stattliche 103,5 Zentimeter hoch und 75,6 Zentimeter breit ist. Was bei den Kölner Mini-Bildfeldern nur selten möglich war, nämlich deren Inhalt deutlich zu erkennen, gelingt hier mühelos, sogar noch in einem Abstand von mehreren Metern.

Bei der Frage nach dem Urheber der ‚Fußwaschung' stoßen wir erneut auf einen Notnamen. Diesmal lautet er, ‚Meister des Hausbuches'. Das Bild soll im letzten Viertel des 15. Jahrhunderts am Mittelrhein entstanden sein. Nach Meinung der Kunsthistoriker handelt es sich bei diesem unbekannten Meister um einen der bedeutendsten Maler am Ende des 15. Jahrhunderts.

Im vorliegenden Zusammenhang geht es mir jedoch weder um den ‚Meister des Hausbuches', noch um eine nähere Erörterung des Bildinhalts. Nachdem ich mich erst einmal an den prächtigen Farben der Malerei sowie am gediegenen handwerklichen Können des Meisters satt gesehen und mich an den zwölf derben Apostelgesichtern ergötzt hatte, machte mich folgender Gedanke stutzig. Wie war es möglich, daß der Kölner Meister vierunddreißig Bilder brauchte, um ‚seine Geschichte' vom Leben Christi zu schildern, während sich der Meister des Hausbuches mit einer einzigen Szene daraus begnügte? Ob es sich im einen wie im anderen Falle wirklich nur um die Ausführung eines bestimmten Auftrages handelte?

Diese Antwort schien mir allzu einfach. Zwar wollte mir noch einleuchten, daß ‚die Fußwaschung' kein unwichtiges Thema aus der Heilsgeschichte war und sie somit eine größerformatige eigene Darstellung sehr wohl verdiente. Im Johannes-Evangelium können wir nachlesen, wie Christus seinen Jüngern während des Abendmahls die Füße wusch, als Sinnbild seiner Demut und um ihnen ein Beispiel dafür zu geben, wie sie untereinander handeln sollten (Johannes 13, 1 ff.). Dennoch war nicht einzusehen, wieso nur dieser eine Akt des ganzen Geschehens zur Darstellung gelangte. Zumindest hätte ich erwartet, daß auch das andere wichtige Ereignis am Vorabend der Passion – das Abendmahl – gezeigt würde.

Des Rätsels Lösung war jedoch nicht beim Hausbuchmeister zu suchen. Es liegt bei sehr viel später geborenen Generationen. Der Meister am Mittelrhein hatte im letzten Viertel des 15. Jahrhunderts durchaus mehrere Szenen aus der Leidensgeschichte gemalt und sie zu einem Ganzen, einem sogenannten Passionsaltar zusammengefügt. Erst im frühen 19. Jahrhundert wurde dieses kunstvolle Gebilde zerstört und in Einzeltafeln zersägt. Eine davon, und eben nur eine, befindet sich heute in der Dahlemer Gemäldegalerie. Wir sehen erneut ‚falsch', wenn wir allein sie ansehen, und zwar in stärkerem Ausmaß ‚falsch' als vorher beim Bild des Kölner Meisters. Wir haben nicht nur die gesamte Altartafel aus ihrem angestammten kirchlich-religiösen Umfeld herausgelöst, für das sie einst bestimmt war, sondern wir haben auch den Altar in seine Bestandteile aufgespalten und sehen nun ein Einzelteil bar jeden Kontextes als selbständiges Kunstwerk an. Das war es nie! Die ‚Fußwaschung‘ bildete seinerzeit die Rückseite einer ‚Ecce-Homo‘-Darstellung, die sich heute im Augustinermuseum in Freiburg im Breisgau befindet (Abb. 9). Dieser Sachverhalt geht sowohl aus dem Verlauf der Jahresringe an den Schnittkanten der beiden erhaltenen Teile wie auch aus der Übereinstimmung von Astlöchern eindeutig hervor.

Der gesamte Passionsaltar war einstmals ein kompliziertes Gebilde. Daß dessen Teile seinerzeit in Speyer auf den Kunstmarkt kamen und dort zum Verkauf gelangten – so daß man heute vom ‚Speyerer Passionsaltar‘ spricht –, heißt noch nicht, daß der Altar von Anfang an für eine Kirche in jener Stadt bestimmt gewesen war. Heute teilen sich vier deutsche Museen in dessen Besitz. Zwei wurden bereits erwähnt, wobei sich in Freiburg zudem ‚Christus vor Kaiphas‘ (Abb. 10) und vor allem die ‚Kreuzigung‘ (Abb. 11) befinden. Die ‚Auferstehung Christi‘ hängt im Städelschen Kunstinstitut in Frankfurt am Main (Abb. 12) und das ‚Abendmahl‘ schließlich im Bode-Museum in Ostberlin (vgl. nochmals Abb. 5). Von einem letzten Teil wissen wir nicht, wo er geblieben ist. Es muß sich um das erste Bild der gesamten Abfolge gehandelt haben, zeitlich sich also noch vor der ‚Fußwaschung‘ abspielend. Vielleicht war darauf der ‚Einzug in Jerusalem‘ am Palmsonntag zu sehen, d.h. das am häufigsten dargestellte und meist erste Bild gemalter Passionszyklen?

Der ‚Speyerer Passionsaltar‘ hatte bewegliche Seitenflügel, die man wie bei einem Kasten öffnen und schließen konnte (Abb. 13). Die meiste Zeit im Kirchenjahr war der Altar geschlossen. Normalerweise bekamen die Gläubigen die große Mitteltafel mit der Kreuzigung also nicht zu Gesicht. Dafür

Abb. 9: Meister des Hausbuches, Ecce Homo!
Letztes Viertel des 15. Jahrhunderts.

Abb. 11: Meister des Hausbuches, Kreuzigung.
Letztes Viertel des 15. Jahrhunderts.

Abb. 12: Meister des Hausbuches, Auferstehung Christi.
Letztes Viertel des 15. Jahrhunderts.

(9)

(12)

(11)

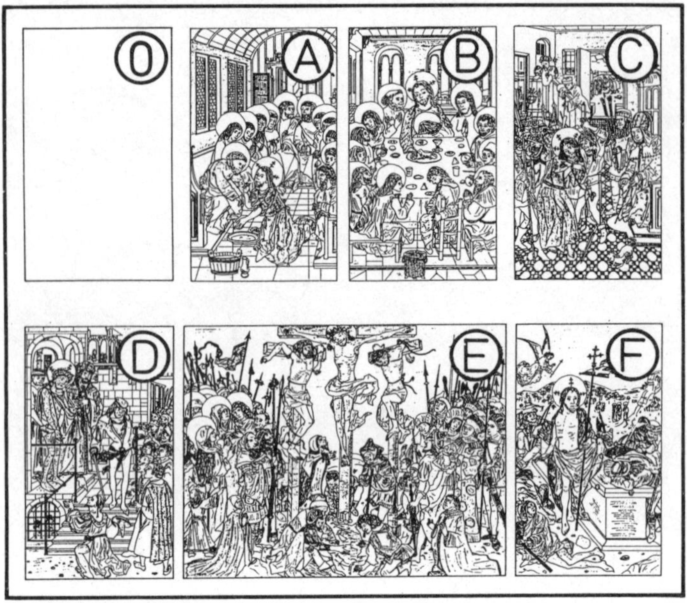

Abb. 13: Meister des Hausbuches, Passionsaltar, sogenannter ‚Speyerer Altar'. Letztes Viertel des 15. Jahrhunderts.

hatte man den Blick frei auf die beiden sogenannten Standflügel rechts und links außen. Die Leidensgeschichte begann auf dem linken Standflügel mit – sagen wir nun einmal – dem ‚Einzug des Herrn' in Jerusalem. Es folgte auf der Außenseite des linken geschlossenen Flügels die ‚Fußwaschung', auf der Außenseite des rechten geschlossenen Flügels das ‚Abendmahl' sowie auf dem Standflügel rechts außen ‚Christus vor Kaiphas'.

Wurde der Altar an hohen Feiertagen geöffnet, so konnte man die Fortsetzung des eben geschilderten Geschehens betrachten. Im Gegensatz zu den dann rückwärtig verdeckten ‚Alltagsbildern' zeigten alle Tafeln in diesem festlichen Zustand einen goldenen Hintergrund. Auf der Innenseite des linken geöffneten Flügels erblickte man nun das ‚Ecce-Homo'-Bild, in der Mitte in doppelter Breite die ‚Kreuzigung' und auf der Innenseite des rechten geöffneten Flügels schließlich die ‚Auferstehung des Herrn'.

Nachdem ich mich über diese Zusammenhänge und Hintergründe kundig gemacht hatte, war ich in der Lage, den ‚Speyerer Passionsaltar' für mich wieder ‚zusammenzusetzen'. Zu diesem Zweck reiste ich den einzelnen Bestandteilen nach: von der Dahlemer Gemäldegalerie in Westberlin ins Bode-Museum nach Ostberlin, von dort in den Städel nach Frankfurt und schließlich ins Augustinermuseum nach Freiburg. Was ich jeweils nicht wirklich vor Augen hatte, mußte ich vor meinem inneren Auge erstehen lassen und dann im Geiste dazusetzen.

Diese Puzzlearbeit wurde für mich wiederum zu einem Schlüsselerlebnis, und zwar in einem sehr umfassenden Sinn. Wir kennen heute manche Details bis in alle Einzelheiten. Wir sind Spezialisten für dieses und jenes. Es gibt Fachreferenten für alles und jedes. Aber sie haben sehr wenig Zeit, meist zu wenig, um uns an ihrem Wissen und ihren Kenntnissen teilhaben zu lassen. Zwar publizieren sie viele Aufsätze. Aber wer liest die schon? So haben wir als einzelne nicht nur die Gesamtschau verloren und sehen die Zusammenhänge nicht mehr, sondern es wird auch immer schwieriger, wieder zu einem Überblick zu kommen. Es bedarf erheblicher Anstrengungen und vor allem einer starken Motivation, um dies in die Tat umzusetzen und nicht bei diesem oder jenem Hindernis längs des Weges zu resignieren und zu kapitulieren. Die ‚Leidensgeschichte des Herrn' besteht nicht nur aus der einen Szene, die heute losgelöst aus ihrem Zusammenhang in der Dahlemer Gemäldegalerie hängt, sondern aus vielen Teilen, die zusammen gehören und zusammen gesehen sein wollen. Die alleinige Betrachtung der Dahlemer ‚Fußwaschung' bringt zweifellos einen ästhetischen Genuß für den Augenblick, führt aber noch nicht zum Verständnis des Ganzen. Im Gegenteil, sie lenkt zuerst einmal davon ab.

Das Leben sollte meines Erachtens nicht aus beziehungs- und zusammenhanglosen Einzelteilen bestehen, sondern ein kohärentes Ganzes bilden. Am Beispiel des ‚Speyerer Passionsaltares' habe ich die Notwendigkeit eines solchen Zusammenfügens nicht nur einsehen, sondern auch konkret ausführen gelernt. Ich bin seinem unbekannten Schöpfer zu tiefem Dank verpflichtet!

3. Oberrhein, zweite Hälfte 15. Jahrhundert

Martin mochte vierzig Jahre alt sein. Von Beruf war er Zimmermann. Mit seiner Frau Elisabeth hatte er sechs Kinder. Aber davon lebten nur noch drei, zwei Söhne und eine Tochter. Sie alle wußten, was Sterben und Tod bedeuteten.

Vor kurzem war Martin sehr krank gewesen. Eine Seuche in der Stadt hatte auch ihn angesteckt. Täglich konnte man beobachten, wie Menschen ihre Toten auf den Friedhof trugen. Eine Zeitlang hatte es danach ausgesehen, als würde auch Martin der Krankheit erliegen. Ein hohes Fieber schüttelte ihn während Tagen. Kopf und Glieder schmerzten heftig. Sein Gesicht war aufgequollen, der Körper über und über mit roten Punkten besät. Unruhig wälzte er sich auf dem Lager hin und her. Manchmal konnte er kaum noch sehen. Wider Erwarten erholte er sich dann jedoch nach zwei Wochen. Vor ein paar Tagen nahm er seine Arbeit auf dem Bau wieder auf. Abends allerdings fühlte er sich noch immer sehr müde. Er dachte jetzt viel nach. Nicht alle Gesellen und Meister waren zur Arbeit zurückgekehrt. Manche lagen auf dem Friedhof. – Heute würden wir sagen, Martin sei an Flecktyphus erkrankt gewesen. Damals war das eine der ansteckendsten und gefährlichsten Seuchen überhaupt; für uns ist das längst kein Problem mehr.

Während der Krankheit hatte ihm Elisabeth eines Tages ein Büchlein in die Hand gedrückt. Eigentlich gehörte es dem Pfarrer. Er hatte es anläßlich eines Besuches am Krankenlager zurückgelassen. Da er in Seuchenzeiten stets eine große Anzahl von Kranken und Sterbenden gleichzeitig betreuen mußte, konnte er nicht versprechen, daß er Martin in der bald zu erwartenden Sterbestunde würde beistehen können. Deshalb sollte er sich mit Hilfe des Büchleins selbst auf einen guten Tod vorbereiten. Zwar konnte Martin nicht lesen, Latein – in dem es geschrieben war – schon gar nicht. Der Pfarrer meinte jedoch, das wäre auch gar nicht so wichtig. Martin würde schon verstehen, worum es ginge. Er solle bloß die Bilder darin ansehen und über sie nachdenken.

Zwar maß das Büchlein fast zwanzig mal dreißig Zentimeter. Doch war es sehr dünn. Es bestand bloß aus vierundzwanzig Blättern. Martin schien es eher, als hätte er ein Heft in Händen. Alle Blätter waren nur auf einer Seite bedruckt. Die damals für den Druck benutzten Holzstöcke hätten auf der Rückseite ein so kräftiges Relief hinterlassen, daß es wenig sinnvoll gewesen wäre, auch sie mit Inhalt zu füllen. Für jede Seite – gleichgültig, ob Text oder Bild oder Bild und Text gemischt – wurde damals ein eigener Holzstock oder, wie man auch sagte, ein Block geschnitten. In der Fachsprache nennt man diese Bücher deshalb Blockbücher. Die vierundzwanzig Blätter unseres Büchleins setzten sich zusammen aus zwei Blättern Vorrede und dann – einander abwechselnd – je elf Blättern mit einer ganzseitigen Abbildung und elf Blättern mit einem ebenfalls ganzseitigen Text. Darin wurde das voranstehende Bild jeweils erläutert oder anhand von Bibelzitaten kommentiert.

Da Martin die schriftlichen Teile nicht lesen konnte, konzentrierte er sich auf die elf Illustrationen. In der Mitte jeder Abbildung war ein Mann zu sehen, der todkrank auf dem Sterbebett lag. Wie Martin mochte er vielleicht vierzig Jahre alt sein. Obwohl der Künstler, der die Bilder entworfen hatte, wahrscheinlich einfach einen ‚Jedermann mittleren Alters' darstellen wollte, konnte sich Martin deshalb besonders leicht mit der Figur identifizieren. Um das Sterbelager herum wimmelte es meist nur so von Gestalten. Während die einen wild mit den Armen fuchtelten und gestikulierten, hielten andere irgendwelche Gegenstände in den Händen. Wiederum andere hatten Flügel auf dem Rücken. Martin begriff, daß dies Engel sein mußten. Ebenso leicht erkannte er die Heiligen an ihrem Heiligenschein. Auch die Teufel waren nicht zu verkennen. Die Hörner auf ihren Köpfen und ihre Bocksfüße verrieten sie.

Je mehr sich Martin in die Illustrationen vertiefte, umso mehr kam es ihm vor, als ob die verschiedenen Gestalten um das Sterbelager herum in einen Kampf verwickelt wären. Auf der einen Seite standen jeweils die guten Mächte: die Engel und Heiligen. Auf der anderen waren die Bösen: die Teufel. Über viele Abbildungen hinweg wogte der Kampf unentschieden hin und her. Während auf den einen Bildern die Entsandten der Hölle das Geschehen beherrschten, so auf den anderen die Engel und Heiligen. Ab und zu erdreisteten sich die Teufel sogar, am Bettlaken zu zerren. Sie meinten wohl, auf diese Weise den Sterbenden mitsamt dem Laken endgültig auf ihre Seite herüberziehen zu können. Da täuschten sie sich allerdings. Auf dem letzten Bild ist nämlich zu sehen, wie sie den Kampf verloren geben. Ein Engel ist dort gerade dabei, die ausgehauchte Seele des Verstorbenen in Form eines kleinen Menschleins in Empfang zu nehmen und in den Himmel zu tragen. Die guten Mächte hatten gesiegt.

Auch ohne die jeweils nebenstehenden Texte lesen zu können, hatte Martin die ganze Geschichte sehr wohl begriffen. Da ging es doch um die Seele eines Sterbenden! Hatte nicht auch der Pfarrer bei seinem Besuch immer wieder auf diesen Punkt, das heißt auf die alles entscheidenden letzten Momente im irdischen Dasein hingewiesen? Der Mann, den Martin auf jedem Bild so daliegen sah, war in seiner Todesstunde dargestellt. Himmlische und höllische Mächte setzten alles daran, die bald freiwerdende Seele in letzter Minute für sich zu gewinnen. Während es die Teufel mit immer neuen Verführungen probierten – zum falschen Glauben, zur Verzweiflung, zur Ungeduld, zur Hoffart, zum Geiz –, so wurde dem Sterbenden von den himmlischen Kräften und ihren Helfern doch stets der richtige Weg gewiesen. Durch göttliche Eingebung und göttlichen Trost vermochte er allen Versuchungen zu widerstehen. Das Betrachten der Bilder sollte Martin lehren, es dem dargestellten Sterbenden gleichzutun, um dann in seiner eigenen letzten Stunde den Anfechtungen des Bösen genauso widerstehen zu können. Wenn ihm dies gelänge, würde bestimmt auch seine Seele von einem bereitstehenden Engel in Empfang genommen und vor das Antlitz Gottes geleitet.

So sah Martin die elf Bilder denn immer wieder aufs neue an, fast so, als ob er sie auswendig lernen wollte. Nur ab und zu blieb ihm die eine oder andere Einzelheit unverständlich. Dies war vor allem dort der Fall, wo eine Gestalt ein erläuterndes Schriftband in Händen hielt oder eine Sprechblase von ihrem Mund ausging.

Heute wäre das ganz anders, denn selbstverständlich verstünden sämtliche unter uns, lesekundig wie wir inzwischen geworden sind, was in diesen Schriftbändern und Sprechblasen geschrieben steht – jedenfalls dann, wenn wir gleichzeitig auch noch die lateinische Sprache beherrschen. Umgekehrt haben wir Heutigen vielfach Mühe, Zusammenhänge zu begreifen, die Martin seinerzeit noch ohne weiteres herzustellen vermochte, weil ihm die zahlreich eingestreuten Symbole und Attribute auf den Bildern geläufig waren.

Wenn wir uns im folgenden den elf Abbildungen einzeln zuwenden, so habe ich – diesen Problemen Rechnung tragend – in den Nachzeichnungen auf das Anbringen von Schriftbändern verzichtet. Wir registrieren somit die Bildinhalte in der gleichen Weise, wie Martin sie seinerzeit wahrnahm. Außerdem gab es damals tatsächlich eine Version der Bildabfolge, die – ähnlich meinen Nachzeichnungen – keinerlei Schriftzüge enthielt. Bei dieser Ausgabe handelte es sich um Kupferstiche. Ihr Format war wesentlich kleiner als dasjenige der im übrigen identischen Holzschnitte. Ein im Kupferstichkabinett Berlin-Dahlem erhaltenes Exemplar aus der Hand des Stechers E. S., auf das ich am Ende dieser Geschichte nochmals zu sprechen komme, ist nur 91 Millimeter hoch und 69 Millimeter breit. Das Bildformat der xylographischen Version mißt dagegen 220 × 152 Millimeter. Im Vergleich zum Holzschnitt ist die Bildfläche des Kupferstiches somit rund fünfmal kleiner. Für lesbare Spruchbänder blieb hier wahrscheinlich einfach zu wenig freier Raum.

In den nachfolgenden Beschreibungen und Kommentaren zu den elf Holzschnitten beziehe ich mich dagegen immer wieder auf eben jene Schrift- und Spruchbänder. Insgesamt sind es sechsunddreißig. Zum besseren Verständnis führe ich sie stets in deutscher Übersetzung an. (Interessierte Leser finden die lateinischen Originalversionen unter den Hinweisen am Ende des Buches.) Ähnliches könnte seinerzeit auch Martin widerfahren sein. Vielleicht hatte ihm ein Lese- und Lateinkundiger aus seiner Umgebung die Schriftbänder und Sprechblasen übersetzt und erläutert, möglicherweise der Pfarrer während eines Krankenbesuches oder einer von Martins beiden Söhnen, die die Lateinschule besuchten. Anschließend verfehlten die ausdrucksstarken und didaktisch hervorragend gestalteten Holzschnitte auch bei einem Betrachter ohne Lese- und Lateinkenntnisse ihre Wirkung selten. Die Botschaft der Bilder, die auf jede Weitschweifigkeit verzichten und sich ganz auf die Todesstunde konzentrieren, konnte auch so vernommen werden. Entscheidend waren, wie wir gleich feststellen werden: fester Glaube, starke Hoffnung, ergebene Geduld, rechte Demut und innere Loslösung von dieser Welt – insgesamt eine bildgewordene Kristallisation christlichen Sterbens, eine praktische Hilfe und Anleitung für die Begegnung mit der eigenen Stunde des Ablebens.

Auf dem ersten Bild sehen wir, wie der Sterbende mit zusammengekniffenen Augen in seinem Bette liegt (Abb. 14). Das sorgenvolle Antlitz ist ganz zerfurcht. Die Haare trägt er kurz geschnitten. Der Körper scheint, soweit das Laken den Blick auf ihn freigibt, stark abgemagert. Man sieht fast die Knochen durch die Haut hindurch. Zur Rechten und Linken steht je ein Teufel dicht an der Bettkante. Ein dritter macht sich im Hintergrund am Bettzeug zu schaffen. Ein vierter schließlich schwebt von oben links in den Raum ein. Auf dem Originalholzschnitt halten die Teufel Schriftbänder in Händen. Darauf steht zu lesen: „Es gibt keine Hölle“, „Mach‘s den Heiden nach!“, und „Töte dich selbst!“

Auch wenn der Leseunkundige diese erläuternden Schriftzüge nicht entziffern konnte, war er doch nicht ganz verloren. Auf diesem ersten Bild – wie auch in allen folgenden Abbildungen – sind die Inhalte von Spruchbändern und Sprechblasen durch einzeln oder gruppenweise agierende Personen versinnbildlicht. Schauen wir in Abbildung eins genau hin, so befolgt ganz im Vordergrund ein Mann tatsächlich die teuflische Aufforderung zum „Töte dich selbst!“, das heißt zum Selbstmord. Mit einem Messer schneidet er sich die Kehle durch. Auch knien am Fuß-

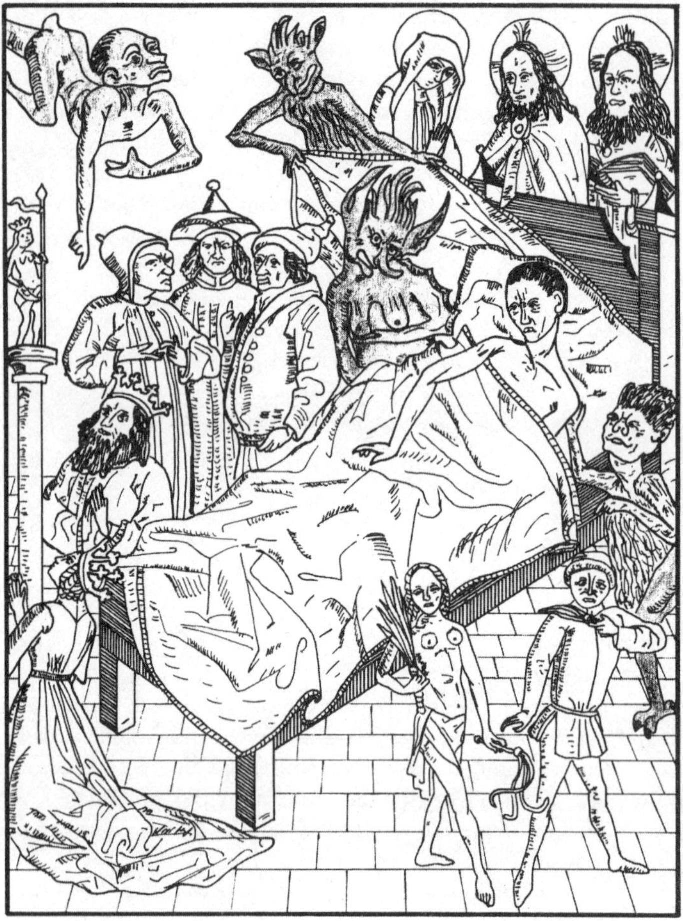

Abb. 14: Ars moriendi: Versuchung im Glauben.
Blockbuch ‚Ars moriendi'.

ende des Bettes zwei gekrönte Häupter, die Götzendienst betreiben („Mach's den Heiden nach!"). Man sieht dort, wie ein Mann und eine Frau ein heidnisches Idol auf der Säule anbeten. Schließlich palavern rechts neben dem Lager drei Gelehrte. Sie

Abb. 15: Ars moriendi: Ermutigung im Glauben. Blockbuch ,Ars moriendi'.

geben zu bedenken, daß noch kein Verstorbener jemals aus dem Totenreich zurückgekehrt sei. Man könne also nicht sagen, ob es eine Hölle, ja überhaupt ein Jenseits gäbe oder nicht („Es gibt keine Hölle.").

Um diesen massiven Glaubensanfechtungen wirksam zu begegnen, treten im zweiten Bild Gottvater und Gottsohn, begleitet von der Jungfrau Maria, aus dem Hintergrund hervor, wo sie sich im ersten Bild aufgehalten hatten. Sie stellen sich rechts neben das Bett und sind somit für den Sterbenden gut sichtbar (Abb. 15). Hinter und neben ihnen sieht man unzählige Heilige. Heiligenschein reiht sich an Heiligenschein. Aus dem Alten Testament ist auch Moses herbeigeeilt. Er befindet sich direkt neben Gottvater. Mittelalterliche Abbildungen zeigen ihn gerne mit zwei Hörnern auf der Stirn. Diese uns heute merkwürdig vorkommenden Attribute gehen auf die Vulgata-Bibelübersetzung zurück. Dort werden die ‚Strahlen seiner Erleuchtung' irrtümlicherweise mit ‚Hörnern' übersetzt, was seinerzeit durchaus keine negative Charakterisierung zu sein brauchte, sondern gemäß sehr alten Traditionen auf ‚Ehre', ‚Stärke', ja ‚Göttlichkeit' des ‚Gehörnten' hinweisen konnte (Mellinkoff 1970). Anwesend ist im zweiten Bild überdies auch der Heilige Geist. Man sieht ihn als Taube auf dem Baldachin am Kopfende des Bettes. Sie alle spenden dem Sterbenden Trost und ermahnen ihn, ja nicht den Einflüsterungen der Teufel zum Abfall vom Glauben nachzugeben. Am deutlichsten macht das der Engel, der mit einem Schriftband „Sei stark im Glauben!" vor den nun aufgeschlagenen Augen des Kranken steht. – Die Teufel befinden sich zwar auch immer noch im Raum. Aber sie liegen jetzt alle ganz erschöpft und platt am Boden. Auf ihren Schriftbändern heißt es im Original: „Wir sind besiegt"; „Es ist vergeblich"; „Laßt uns fliehen!"

Angesichts von so viel drastischem Anschauungsunterricht im ersten und zweiten Bild dürfte auch Martin verstanden haben, daß es hier um den Dreh- und Angelpunkt im Kampf um die Seele eines Sterbenden geht. Gesetzt den Fall, dieser würde den Einflüsterungen der Teufel erliegen und sein Glaube durch Zweifel ins Wanken geraten, dann wäre gleich alles verloren. Ohne Glauben gab es kein Heil und keine Rettung. Auf dem Glaubensfundament beruhte das ganze christliche Dasein.

Wer unter uns heutigen Betrachtern seine Neugier noch weiter befriedigen will, findet zu jedem Bild zusätzliche Erläuterungen stets auf jenem Blatt, das der Abbildung folgt. Seinerzeit waren diese Texte in erster Linie als Hilfen für die Sterbebegleiter, in der Regel also die Pfarrer gedacht. Es wundert somit nicht, daß sie meist in Latein abgefaßt sind. Häufig handelt es sich um Bibelzitate, die zum dargestellten Geschehen passen und es erläutern und vertiefen. Wenn wir für einen Augenblick zum ersten Bild zurückkehren, so wird dem Sterbebegleiter im Text zum Beispiel nahegelegt, sich zur Untermauerung seiner Argumente auf den Ersten Brief des Apostel Paulus an die Korinther zu stützen. Dort heißt es, daß niemand über sein Vermögen in Versuchung geführt würde: „Gott ist treu, der euch nicht versuchen läßt über eure Kraft, sondern macht, daß die Versuchung so ein Ende nimmt, daß ihr's ertragen könnt" (1. Korinther 10, 13). – Ich unterlasse hier und im folgenden jedoch solche Ausflüge in die Schriftlichtkeit. Martin konnte sie seinerzeit auch nicht unternehmen, um sich daran zu erbauen. Weder hatte er jemals lesen, noch gar die Sprache der Bibel verstehen gelernt.

Dafür schaute er nun die Bilder umso aufmerksamer an. Merkwürdig; je länger er hinsah und je öfter er sie betrachtete, umso besser gefielen sie ihm. Sie waren keineswegs nur von Todesbangen und erdrückendem Ernst geprägt. Es gab im Gegenteil Dinge, die Martin geradezu ergötzten und erheiterten – und ihn deshalb nur zum immer noch weiteren Sehen einluden. So waren etwa die Teufel mit ihren abscheulichen Mischleibern – halb Mensch, halb Tier – dermaßen fratzenhaft verzerrt, grinsend und höhnend dargestellt, daß man sich vor ihnen eigentlich schon gar nicht mehr richtig zu fürchten brauchte. Ihre Niederlage am Ende des Geschehens konnte somit auch für niemanden überraschend kommen. Umgekehrt verhielten sich die himmlischen Mächte trotz Kampf und Streit in jeder Situation ruhig, würdevoll, selbstsicher. Nie hätten sie sich in ein Handgemenge mit den Teufeln eingelassen. Daß sie schließlich den Sieg davon tragen würden, war deshalb von Anfang an eigentlich genauso klar.

Aber auch im Hinblick auf eher nebensächliche Details scheint es so, als ob der didaktisch geschickte Künstler den leseunkundigen Betrachter bei Laune halten wollte. Es gab für ihn immer weitere, oft belustigende Entdeckungen zu machen. Da waren doch dem Todkranken vom ersten zum zweiten Bild wie über Nacht die Haare nachgewachsen. Er trug sie nun in fein gekräuselten Locken. Auch hatte er das Bett und offensichtlich sogar das Sterbezimmer gewechselt. Der Boden war jedenfalls nicht länger, wie in der ersten Abbildung, mit viereckigen Kacheln ausgelegt, sondern holzbeplankt. Auch formte sich das Bettgestell am Kopfende zu einem eleganten Baldachin – vornehme Ruhestätte für den Heiligen Geist in Form einer Taube, wie wir sahen. Ebenso elegant sind nun selbst die Beine des Bettes geschweift.

Seine Haartracht wechselt der Sterbende auch später noch öfter, so daß man ihn bisweilen gar nicht mehr richtig erkennt. (Vielleicht handelt es sich tatsächlich nicht immer um den gleichen Sterbenden?) Ebenso taucht der Kachelfußboden aus der ersten Abbildung nochmals auf, nicht mehr hingegen das Himmelbett. Höchstens ein Bettpfosten erhält gelegentlich erneut einen schönen Knauf. – Martin suchte immer nach noch weiteren Entdeckungen. Er verglich und verglich. Unzählige Male blätterte er das Büchlein durch, von vorn nach hinten, von hinten nach vorn – und tat damit genau das, was Zeichner und Autor beabsichtigt hatten.

Auf dem dritten Bild sind die Teufel wieder ganz in ihrem Element (Abb. 16). Zu sechst umzingeln sie das Bett, gestikulieren und brüllen. Durch Vorhalten seiner Sünden versuchen sie, den Sterbenden zur Verzweiflung zu bringen. In ihren Schriftbändern und Sprechblasen lassen sie nichts, aber auch gar nichts aus seinem bewegten Leben außer Acht. Schwere und Anzahl der Sünden scheinen in der Tat erdrückend. Da heißt es: „Du bist unzüchtig gewesen und hast die Ehe gebrochen"; „Du warst meineidig"; „Du hast geraubt und gemordet"; „Du warst dein Leben lang ein Geizhals und immer nur unersättlich". Einer der Teufel, rechts vom Bett, hält zudem eine eng beschriebene Tafel in die Höhe, auf der man gar nicht alles lesen kann, so voll ist sie. Das Schriftband daneben erläutert: „Hier siehst du dein Sündenregister". Es enthält offenbar nicht nur Todsünden, zu denen alle bisher aufgezählten Untaten gehören, sondern auch unzählige kleinere, jedoch nie gebeichtete und deshalb auch nie gesühnte Sünden. In ihrer Gesamtheit mußten aber auch sie ausreichen, um eine Seele der ewigen Verdammnis preiszugeben.

Erneut wird für Leseunkundige durch personifizierte Handlungen verdeutlicht, was in den Bändern gemeint ist. So steht gleich zur Rechten des Sterbenden ein junges Paar. Die Frau hatte er einst verführt. Daneben hält ein Teufel die Schwurfinger in die Höhe und damit dem Sterbenden unter die Augen. Dies soll ihn an einen begangenen Meineid erinnern. Am Fußende sitzt ein nackter Mann. Der Todkranke hatte ihn seinerzeit bis aufs Hemd ausgezogen. Jetzt hält es der dahinter stehende Teufel in Händen, außerdem einen prall gefüllten Geldbeutel, den der Sterbende dem Mann geraubt hatte. Vor diesen beiden Gestalten liegt ein anderer Mann rücklings auf dem Boden. Es ist jener Ermordete, von dem im Schriftband die Rede war. Zur Verdeutlichung des Sachverhalts reckt ein daneben stehender Teufel das Mordwerkzeug, einen Dolch, in die Höhe. Auf der Geldtruhe ganz vorne rechts schließlich sehen wir den Sterbenden als Double selbst sitzen. Er ist in bloße Lumpen gehüllt, vor lauter Geiz – so wie es auf dem Schriftband stand. Vielleicht ist mit diesem Mann aber auch einer jener Almosensuchenden gemeint, die vom Sterbenden jeweils beim Betteln um eine milde Gabe von der Haustür gewiesen wurden.

Alle die genannten Unterlassungen, Sünden und Missetaten kamen dem Sterbenden durch diese nachgestellten Szenen nun wieder in den Sinn, stiegen eine nach der anderen aus seinem Gedächtnis auf. Es war – ganz entsprechend den Absichten der Teufel – zum Verzweifeln! Gerade Verzweiflung aber sollte in der Sterbestunde über alles vermieden werden, denn sie stellte die errettende Barmherzigkeit Gottes zutiefst in Frage.

Das vierte Bild wird noch deutlicher (Abb. 17). Dort sieht man einige der großen Sünder aus der Heiligen Schrift. Trotz der Schwere ihrer Missetaten verzweifelten sie jedoch nicht, so daß ihnen allen das göttliche Erbarmen zuteil wurde. Als ersten erkennt man zur Rechten des Sterbenden den Apostel Petrus.

Abb. 16: Ars moriendi: Versuchung durch Verzweiflung.
Blockbuch ‚Ars moriendi'.

Der Schlüssel in seinen Händen ist gar größer noch als sein Kopf und somit überhaupt nicht zu übersehen. Nicht zu übersehen ist ferner der Hahn hinten auf dem Bettgestell. Für einmal verstehen selbst wir noch, was damit gemeint ist. Auch ohne

Abb. 17: Ars moriendi: Trost durch Zuversicht.
Blockbuch ‚Ars moriendi'.

Spruchband werden sich viele unter uns an jene Stelle im Evangelium erinnern, in der Jesus nach dem Abendmahl Petrus prophezeite: „Wahrlich, ich sage dir: In dieser Nacht, ehe der Hahn kräht, wirst du mich dreimal verleugnen" (Matthäus 26,34).

Auch die drei anderen Sünder dürften manche noch heute erkennen. Direkt neben Petrus steht Maria Magdalena, erkenntlich an ihren langen aufgelösten Haaren und der Salbenbüchse in den Händen. Sie hatte Christus mit ihren Tränen die Füße gewaschen, gesalbt und mit ihren Haaren getrocknet. Hinten links windet sich Dismas, der gute Schächer, am Kreuz. Ihm als reuigem Sünder verhieß Christus: „Wahrlich, ich sage dir: Heute wirst du mit mir im Paradies sein" (Lukas 23, 43). Und schließlich erkennen wir am Fußende des Bettes über dem gestürzten Pferd den Saulus, der ob diesem Ereignis zum Paulus wurde.

Diesmal hat es der Engel leicht. „Verzweifle also auch du nicht", ermahnt und beruhigt er auf einem Spruchband den Sterbenden. Selbst wenn er noch mehr, ja alle Sünden der Welt begangen hätte, bräuchte er doch nicht zu verzweifeln, sofern er bloß zerknirscht in sich ginge. Christus wäre in die Welt gekommen, um die Sünder zu erretten. Seine Gnade sei allemal größer als sämtliche Missetaten eines Menschen. Selbst Judas Iskariot hätte mehr dadurch gesündigt, daß er verzweifelte und sich erhängte, als durch seinen Verrat am Herrn. Ein Teufel in Zwittergestalt eines bocksfüßigen gehörnten Hundes liegt vorne rechts am Boden. Er sieht sich in die Ecke abgedrängt und resigniert. In seiner Sprechblase liest man auf dem Holzschnitt: „Hier werde ich nie und nimmer siegen". Ein zweiter Teufel sagt überhaupt nichts mehr. Er verkriecht sich unter das Bett. Schon sieht man nur noch seine Hinterbeine und den kurzen Schwanz.

Inzwischen hat ein anderer Teufel eine neue List ersonnen. Auf dem fünften Bild handelt er ganz allein (Abb. 18). Fast will es scheinen, als ob ihm endlich der ersehnte Erfolg beschieden wäre. Seine Versuchung ist die Ungeduld. Es sei doch sinnlos, meint er, die schwere Krankheit und das Leiden so widerspruchslos hinzunehmen, wie es der Sterbende tue, und sie als Prüfung zu betrachten. Damit könne sich niemand Verdienste erwerben. Vielmehr sei es unerträglich, ja ganz und gar ungerecht, derart leiden zu müssen. Andere Menschen, zum Beispiel seine Besucher oder Pfleger, wären ja auch alle gesund. Abgesehen davon würden sie – was für schöne Worte sie im übrigen auch immer heuchelten – nur auf seinen Tod warten, um ihn beerben zu können.

Ob solcher Einflüsterungen wird der Sterbende schließlich ganz zappelig. Für einen Moment verliert er sogar die Geduld. Er zieht ein Bein unter der Bettdecke hervor und tritt mit aller Kraft gegen den Tisch, auf dem die auftragende Magd Schüssel und Becher, Messer und Löffel bereitgestellt hat. Klirrend fallen Geschirr und Gerätschaften zu Boden. Der umgekippte Tisch bleibt auf der Kante liegen. Doch nicht genug damit. Der Zorn des Kranken wendet sich nun auch noch gegen die beiden anderen Personen im Raum: einen Mann und eine Frau, die zu Besuch weilen. Ob sie ihr Mitleid tatsächlich nicht nur vortäuschten und ihre Anteilnahme nicht nur heuchelten? Der Kranke jedenfalls scheint davon überzeugt zu sein. Wutentbrannt versetzt er dem am nächsten stehenden Mann einen kräftigen Tritt. Ihm gelingt es gerade noch, seine Hände auszustrekken, um den Sturz besser aufzufangen. – Der Teufel mit riesigen Fledermausflügeln und grotesk herausgestreckter Zunge lacht sich ins Fäustchen: „Wie gut hat doch meine List angeschlagen". Diesmal ist im übrigen von einem tröstenden Engel oder einem Heiligen weit und breit nichts zu sehen. Niemand kühlt dem Sterbenden den Zorn, versucht ihn zur Räson zu bringen und zu etwas mehr Geduld zu ermahnen. Auf einem der Schriftbänder zu dieser Abbildung – es geht von der besuchenden Frau links oben aus – lesen wir bloß: „Seht doch, welche Strafen er erdulden muß!"

Doch hat sich dieser Teufel entschieden zu früh gefreut! Denn als Martin im Büchlein weiterblätterte, entdeckte er auf dem sechsten Bild (Abb. 19), daß dem Sterbenden nicht nur ein Engel und gleich vier Heilige zu Hilfe geeilt sind, sondern daß sich sogar Gottvater und Gottsohn dicht neben dem Haupt des Sterbenden aufgestellt haben. – Bei allen vier Heiligen handelt es sich um berühmte Märtyrergestalten. Zu Martins Zeiten kannte sie jedermann. Im 14. und 15. Jahrhundert gehörten sie zu den beliebtesten Heiligen überhaupt. Sie galten als größte Vorbilder für Geduld. Alle vier hatten unsägliche Todesqualen

Abb. 18: Ars moriendi: Versuchung durch Ungeduld.
Blockbuch ‚Ars moriendi'.

erleiden müssen, dies aber klaglos auf sich genommen. Die heilige Barbara, am dichtesten beim Sterbenden am Bettrand stehend, trägt als ihr Wahrzeichen den Turm in Händen, in den man sie eingesperrt hatte. Dahinter erkennt man den heiligen

Abb. 19: Ars moriendi: Trost durch Geduld.
Blockbuch ‚Ars moriendi'.

Lorenz. Er zeigt uns jenen Rost, auf dem er bei lebendigem Leibe gebraten wurde. Neben Barbara steht die heilige Katharina. Ihr Attribut ist das Rad, auf dem man sie folterte. Der heilige Stephan schließlich, am Fußende des Bettes, trägt jene

Pflasterbrocken in seiner Schürze, mit denen er gesteinigt wurde. Beim Anblick dieser vier Heiligen sollte der Sterbende bedenken, daß sein eigenes geduldiges Leiden einem Fegefeuer vor dem Tod gleichkam. Gott strafe ihn hier und lasse ihn für seine Sünden büßen, damit er nach dem Tod in Ewigkeit belohnt werden könne. Der Sterbende möge deshalb seine Leiden in Geduld annehmen und sie ergeben und dankbar ertragen. Selbst Christus habe bei seinem Kreuzestod so gehandelt und könne somit als Vorbild dienen.

Angesichts derart intensiver und am Ende zum Erfolg führender Ermahnungen und Ermutigungen von Seiten der himmlischen Mächte kann der Teufel auch hier schließlich nicht mehr anders, als seine erneute Niederlage einzugestehen. Auf dem Spruchband heißt es: „Meine Mühen sind ganz vergeblich". Vom Munde eines zweiten Unholdes – auch er verkriecht sich besiegt unter das Bett – geht eine weitere Sprechblase aus. Auf ihr ist zu lesen: „Da bin ich wie gefangen und gelähmt".

Doch damit ist der Kampf um die Seele des Sterbenden noch immer nicht zu Ende. Einige weitere Teufel sind auf die Idee verfallen, es einmal mit Ehrgeiz und Hochmut zu versuchen. Wenn die Angriffe des Unglaubens, der Verzweiflung und der Ungeduld schon nicht zum Ziel geführt hatten, so würde der Todkranke vielleicht auf diese Probe hereinfallen? Da stehen sie denn im siebenten Bild gleich zu fünft um sein Bett herum (Abb. 20). In ihren Händen halten sie drei prächtige Kronen. Sie strecken sie ihm verlockend über die Bettdecke hinweg entgegen und sagen auf ihren Spruchbändern scheinheilig: „Wie großartig du doch in deinem unerschütterlichen Glauben bist!"; „Was du bloß für eine Geduld an den Tag legst!"; „Da hast du aber die Kronen mehr als verdient". Auch fordern sie ihn ungeniert auf: „Du dürftest dich ruhig ein bißchen selbst erhöhen". Schließlich meint der letzte ganz unverfroren: „Sei doch etwas hochmütiger!"

Diesmal lassen ihn die himmlischen Mächte allerdings keinen Augenblick allein. Die Versuchung zum Hochmut könnte für den Sterbenden vielleicht doch zu groß werden? So sind denn rechts vom Bett erneut Gottvater und Gottsohn sowie die Jungfrau Maria zur Stelle, wiederum gefolgt von einer Reihe Heiliger. Zwar meinen sie, daß man gar nicht unbedingt zu ihresgleichen gehören müsse, um der Versuchung zu Hochmut und eitlem Ruhm, zu Überheblichkeit und übermäßiger Selbstsicherheit erfolgreich zu widerstehen. Viele gewöhnliche Menschen hätten das auch schon geschafft. Als Beweis hierfür entdeckt man an der rechten Bettkante tatsächlich die geretteten Seelen von drei namenlosen Seligen. In Form kleiner Menschengestalten stehen sie noch vor den Himmlischen, dem Sterbenden auf Augenhöhe direkt gegenüber.

Bleibt auf diesem Bild auch noch unentschieden, ob die Versuchung zum Hochmut Erfolg haben wird oder nicht, so senkt sich die Waage auf dem folgenden, dem achten, wieder eindeutig zugunsten der himmlischen Kräfte (Abb. 21). Nicht weniger als drei Engel bemühen sich hier um den Sterbenden und stehen ihm aus nächster Nähe bei. Sie halten ein einziges Schriftband in Händen, auf dem geschrieben steht: „Sis humilis!“ – „Bleibe bescheiden!“ Im Hintergrund entdeckt man wiederum die göttliche Dreieinigkeit. Der Heilige Geist erscheint, wie schon auf der zweiten Abbildung, in Form einer Taube. Auch die Gottesmutter Maria ist wieder zur Stelle. Außerdem versinnbildlicht ein Heiliger, der rechts am Fußende des Bettes ins Bild tritt, die angemahnte Demut und Bescheidenheit. Es ist der Eremit Antonius, leicht erkennbar an seinen beiden Attributen: dem T-Kreuz in der einen und dem Glöcklein in der anderen Hand. Dieser Einsiedler galt damals als größtes Vorbild der Selbsterniedrigung. Immer wenn Antonius vom Teufel in der Einöde versucht wurde und der Satan ihn erhöhen wollte, erniedrigte er sich selbst.

Wie man in der Abbildung sieht, führen auch beim Sterbenden die teuflischen Versuchungen nicht zum erhofften Erfolg. Die Abgesandten der Hölle haben keine Chance. Sie liegen am Boden oder verkriechen sich unter dem Bett. Einer gibt auf seinem Schriftband unumwunden zu: „Ich bin besiegt“. Ein anderer ganz rechts, von dem man nur eine riesenhafte Fratze mit aufgerissenem Maul erkennt, deutet sein eigenes Gebaren selbst: „So bestrafe ich die Hochmütigen“. Und um auch dem

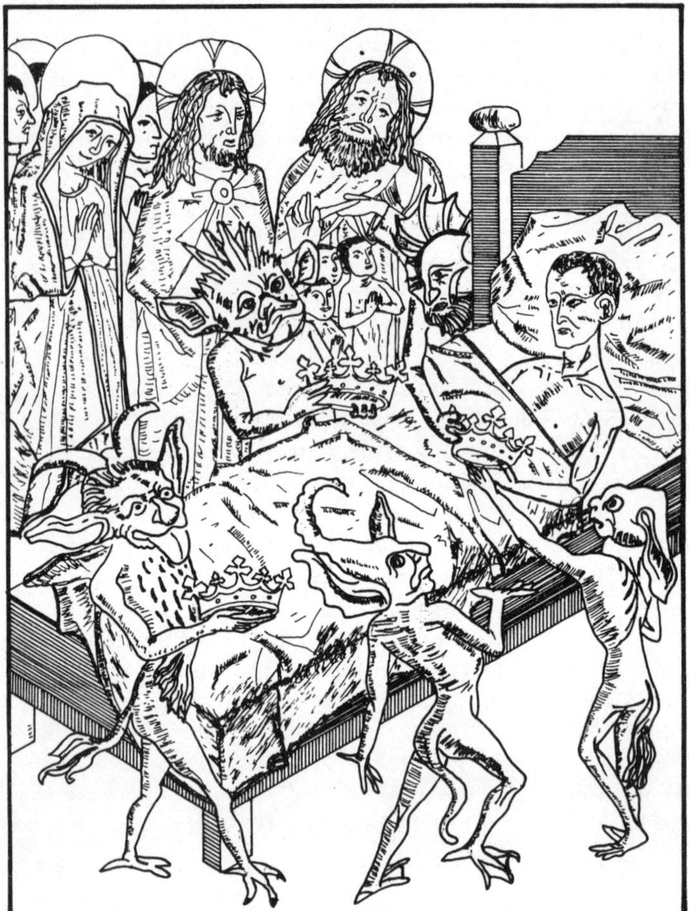

Abb. 20: Ars moriendi: Versuchung durch Hochmut.
Blockbuch ‚Ars moriendi'.

letzten Betrachter klar zu machen, wie er das meint, läßt er gleich drei nackte Verstorbene in seinem Höllenrachen verschwinden. Zu den dreien gehört auch ein Mönch. Man erkennt ihn an seiner Tonsur.

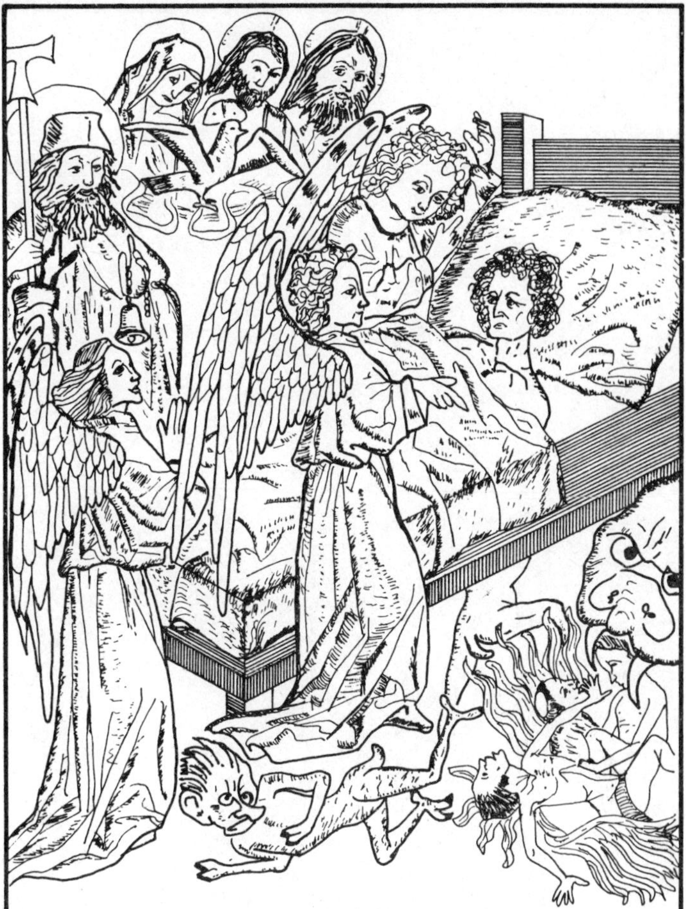

Abb. 21: Ars moriendi: Trost durch Demut.
Blockbuch ‚Ars moriendi'.

Noch geben sich die Höllengestalten jedoch nicht geschlagen. Auf dem neunten Bild stürmen sie ein weiteres Mal vor (Abb. 22). Diesmal haben sie sich vorgenommen, den Sterbenden an seine irdischen Reichtümer zu erinnern. Ein Leben lang

Abb. 22: Ars moriendi: Versuchung durch irdische Güter. Blockbuch ‚Ars moriendi'.

hat er sie mit all seiner Gier zusammengerafft – und muß sie nun doch zurücklassen. Vielleicht würde diese Versuchung bei ihm endlich anschlagen? Die Erinnerung an seine zeitlichen Güter müßte einen solchen Geizhals und Habsüchtigen doch

Abb. 23: Ars moriendi: Trost durch Abwendung vom Irdischen. Blockbuch ‚Ars moriendi'.

eigentlich davon abbringen, sich auf sein Ende vorzubereiten und nur noch an sein Seelenheil zu denken! Wieso waren sie bloß nicht schon früher darauf gekommen? So *mußte* es ihnen gelingen, seiner Seele habhaft zu werden.

Also führen sie dem Sterbenden – und Martin und uns – mit weit ausholenden großen Gesten nochmals all die prächtigen Dinge vor Augen, die ihm auf Erden wert und teuer gewesen waren: das imponierende zweistöckige Haus, den wohlgefüllten Weinkeller, die schönen Stallungen, in die sein Knecht gerade ein edles Pferd zurückführt. Weiter im Hintergrund treten – mit sorgenvollen Mienen – Familienangehörige, Verwandte und Freunde in Erscheinung. Sie scheinen den Sterbenden daran zu gemahnen, daß es doch eigentlich seine Pflicht sei, sich um sie zu kümmern – Todesstunde hin oder her. Auf zwei Schriftbändern, die von den Teufeln ausgehen, ist zu lesen: „Du hast noch eine Reihe von Vorkehrungen für deine Vertrauten zu treffen", und „Richte deine Aufmerksamkeit auf deine Schätze!" Ist im Weinkeller nicht bereits ein Dieb auszumachen, der verbotenerweise ein Faß anzapft?

Doch auch diese Versuchungen fruchten nicht, vielleicht auch nur deswegen, weil im zehnten Bild gleich wieder zwei Engel zur Stelle sind (Abb. 23). Der eine spricht mit dem Sterbenden und ermahnt ihn: „Sei nicht habgierig!" Der andere spannt am Fußende ein Tuch aus und schirmt so den Blick des Sterbenden von seinen Verwandten ab. Auf einem Schriftband heißt es zusätzlich: „Richte deine Aufmerksamkeit nicht länger auf die Vertrauten!" Gott wird sie schon in seine Obhut nehmen. Wie zur Unterstreichung dessen sieht man auf der rechten Bettseite einige Menschen und Schafe, die unter dem Schutz des Heilands, des guten Hirten stehen. Umgekehrt wird der Blick des Sterbenden freigegeben auf den Gekreuzigten und die trauernde Muttergottes. Auch Christus hat am Kreuz Abschied nehmen müssen. So möge sich denn auch der Sterbende jetzt getrost auf seine letzten Augenblicke konzentrieren und sich durch nichts mehr ablenken lassen. Von den Teufeln ist ein einziger übriggeblieben. Pferdefüßig hockt er am Boden und sinniert, wie uns die Sprechblase sagt: „Was soll ich nun bloß noch machen?"

Damit findet der Kampf um die Seele des Sterbenden endlich seinen Abschluß. Auf dem elften Bild, dem letzten der Serie, hat er seine Seele bereits ausgehaucht (Abb. 24). Ein Engel nimmt sie in Form einer kleinen Gestalt in Empfang und führt sie,

Abb. 24: Ars moriendi: Die Todesstunde. Blockbuch ‚Ars moriendi'.

begleitet von drei weiteren Himmelsboten, in die ewige Glückseligkeit. Während das Antlitz des Verstorbenen nun entspannt wirkt, seine Augenlider geschlossen sind und ihm die brennende Kerze bereits entgleitet, die ihm ein Mönch als Sterbebegleiter noch in die Hand gedrückt hatte, können sich die Teufel noch immer nicht beruhigen. Zu sechst stehen sie am vorderen Bildrand. Außer sich vor Wut toben sie: „Warum haben wir uns diese Seele bloß entgehen lassen!“; „Mich verzehrt die Wut“; „Ich rase vor Zorn“; „Wir sind am Boden zerstört und völlig verwirrt“; „Nun bleibt uns keine Hoffnung mehr“.

Ende gut, alles gut! Martin war über den glücklichen Ausgang sichtlich erleichtert. Die himmlischen Kräfte hatten definitiv den Sieg über die Mächte der Finsternis davon getragen. Doch da stutzte er plötzlich. Etwas an diesem letzten Bild war anders als bei den zehn vorausgegangenen. Es kam ihm in den Sinn, daß er beim ersten Durchblättern sogar Mühe gehabt hatte, die Hauptperson der Handlung – den Sterbenden – auf dem letzten Bild ausfindig zu machen. Als er nun genauer hinsah, entdeckte er, daß tatsächlich die Bettstatt andersherum im Zimmer stand! Vorher war sie stets diagonal von links unten nach rechts oben ausgerichtet und hatte auf diese Weise viel Raum für die zahlreichen, im Vorder- und im Hintergrund agierenden Gestalten gelassen. Im letzten Bild aber war das Fußende des Bettes rechts unten und das Kopfende auf halber Höhe links. Dort, wo sich sonst das Haupt des Sterbenden befand und man deshalb immer zuerst hinsah, stieß der Blick nun wie von selbst auf das Kreuz mit Christus, dem Erlöser, dem Erbarmer, dem Garanten des ewigen Heils. Dadurch wurde bildhaft zum Ausdruck gebracht, daß die Gedanken des Sterbenden im Augenblick des Todes ganz bei IHM weilen sollten. Möchte ER in seiner Barmherzigkeit und um seines Leidens willen auch diesen dahingehenden Menschen aufnehmen. Als mächtige Mittler und Fürbitter stehen zusätzlich rechts und links unter dem Kreuz die Gottesmutter Maria und Christi Lieblingsjünger Johannes.

Lassen wir die elf Bilder nochmals Revue passieren (vgl. die Zusammenstellung in Abb. 25), so stand den fünf Anfechtungen fünfmal Trost und Ermutigung gegenüber: der Versuchung im Glauben die Ermutigung im Glauben, der Versuchung durch Verzweiflung der Trost durch Zuversicht, der Versuchung durch Ungeduld der Trost durch Geduld, der Versuchung durch Hochmut der Trost durch Demut, der Versuchung durch zeitliche Güter der Trost durch Abwendung vom

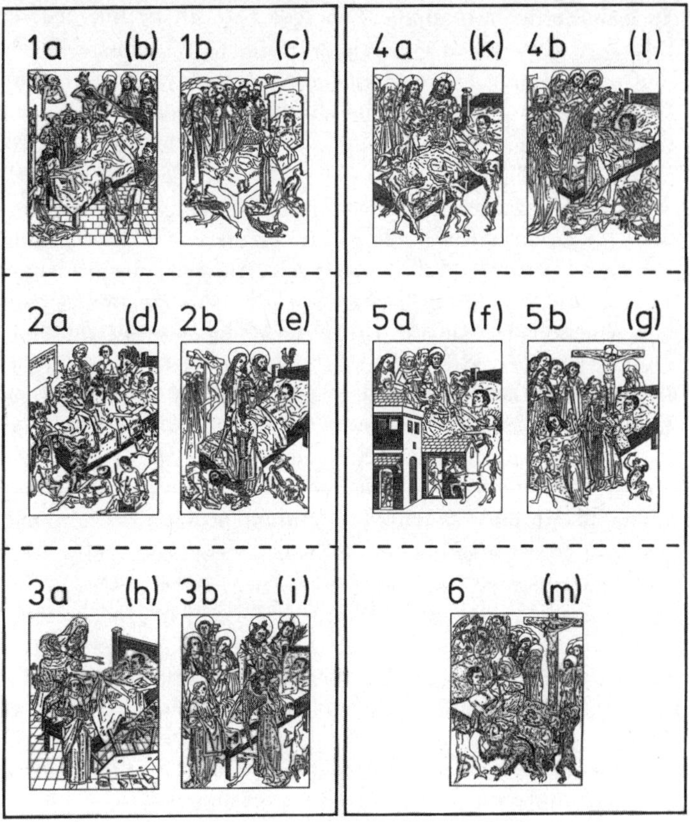

Abb. 25: Die elf Illustrationen aus dem Blockbuch ‚Ars moriendi'.

Irdischen. Abschließend war die Todesstunde mit dem glücklichen Ausgang, dem Sieg des Guten über das Böse und die Aufnahme des Verstorbenen unter die himmlischen Heerscharen zu sehen. Nicht daß dieser ein solches Ende besonders verdient hätte – man denke nur an seine vielen Missetaten auf Erden –, sondern weil Gott sich seiner erbarmte und ihm gnädig war.

Ich habe diese Geschichte in die zweite Hälfte des 15. Jahrhunderts hineinverlegt, weil das Büchlein damals eine außerordentlich weite Verbreitung hatte (vgl. Falk 1890/1969). Nicht nur war es – wenn auch hauptsächlich – allenthalben in Deutschland und den Niederlanden anzutreffen, sondern auch in Frankreich, in England, in Italien, in Spanien. Zum einen hatten zwei neue Techniken um die Mitte des 15. Jahrhunderts zu diesem Erfolg beigetragen, erstens der Druck von Kupferstichen, zweitens aber vor allem die Herstellung von Blockbüchern. Zum andern war die Nachfrage nach diesem Büchlein damals so gewaltig, daß immer neue Auflagen nachgedruckt werden mußten. Den Gläubigen wurde seinerzeit ein Leben lang eingeschärft, daß ihr ewiges Geschick von der sittlichen Verfassung in ihrer Todesstunde abhinge. Sie fürchteten folglich nichts so sehr wie einen überraschenden oder, wie man damals sagte, einen unverhofften Tod. Je mehr sich die Seuchen im 14. und 15. Jahrhundert häuften, je mehr Menschen somit gleichzeitig oft binnen Stunden oder Tagen hinwegstarben, umso eher aber konnte genau diese gefürchtete Situation eintreten. Die Zahl geistlich geschulter Sterbebegleiter reichte bei weitem nicht aus, um jeden Sterbenden einzeln zu betreuen. Diese Notlage führte zu einem weit verbreiteten Bedürfnis nach einem allgemein verständlichen Handbüchlein für die letzte Stunde.

Zwar gehörte die geistliche Betreuung Sterbender auch damals schon seit Jahrhunderten zu den selbstverständlichen Aufgaben und Pflichten der Pfarrer. Die Unterweisung in diesem Bereich der Pastoraltheologie bildete einen festen Bestandteil ihres Studiums. Für sie gab es denn auch eine Fülle von Literatur zu Tod und Sterben. Berühmt war zum Beispiel die dem Heiligen Anselm von Canterbury (1034–1109) zugeschriebene ‚Admonitio morienti' oder, zeitlich damals näher gelegen, die 1408 erschienene Abhandlung ‚De arte moriendi' des Professors und seinerzeitigen Kanzlers der Pariser Sorbonne, Johannes Gerson (1363–1429), oder schließlich auch ‚Scire bene mori' aus der Feder des oberpfälzischen Benediktiner-Priors und Mystikers Johannes von Kastl (gestorben nach 1426). Sie dürfte etwa zwei Jahre später entstanden sein als ‚De arte moriendi'. Doch wer konnte im 11., ja noch im 15. Jahrhundert bei uns schon lesen? Und wer unter den Lesekundigen war in der Lage, umfangreiche theologische – und wohlgemerkt lateinisch abgefaßte – Texte zu verstehen? Die Schar der in Frage Kommenden war klein. Am Ende beschränkte sie sich auf eine Handvoll studierter Theologen-Spezialisten.

Mit der ‚Bilder-Ars' – so heißt unser 24blättriges Büchlein mit den elf Abbildungen in Fachkreisen – war das etwas anderes. ‚Ars' steht für ‚Ars moriendi'. Auf deutsch meint das ‚Die Kunst des Sterbens'. Diese Bilder-Ars hatte zwar, wie sich jeder Leser denken kann, viel mit den eben erwähnten gelehrten Abhandlungen zu tun. Sie basiert sogar auf solchen Traktaten. Aber bei ihr handelt es sich um eine äußerst gestraffte Version, und vor allem ist sie bebildert. Wer der Verfasser der knappen Erläuterungstexte ist, wer die Schriftband- und Sprechblasen-Inhalte zusammenstellte und formulierte, weiß man nicht genau. Einige Fachleute nehmen an, daß es ein französischer Geistlicher gewesen sein könnte. Zeitlich dürften die Texte um 1410 entstanden sein. Ebenso wenig gelang es bisher abzuklären, ob die ein gutes Jahrzehnt später hinzugekommenen Abbildungen zuerst in der Holzschnitt- oder in der Kupferstich-Fassung vorlagen. Vielleicht gingen beide Versionen auch gemeinsam auf ältere Illustrationen in Bilderhandschriften zurück?

Um die letzte Jahrhundertwende vermochte man diese Frage allerdings nicht gleichermaßen gelassen zu betrachten wie wir heute. Im Gegenteil entbrannte damals ein heftiger Gelehrtenstreit über der Priorität von Holzschnitt oder Kupferstich. Im erzählenden Teil der Geschichte will ich diesen Streit übergehen. Den meisten von uns dürfte er heute ziemlich gleichgültig sein. Unter den Hinweisen zur Geschichte von Martin habe ich den Streit dagegen in seinen Einzelheiten ausgebreitet. Ich tue dies dort nicht, um im Verein mit interessierten Lesern im sicheren Abstand von einigen Generationen hämisch mit dem Finger auf die damaligen Streithähne zu zeigen. Noch weniger tue ich es, um ewigen Besserwissern in irgendwelchen Diskussionen klar zu machen, daß auch ich mich auskenne. Vielmehr war ich seinerzeit über der Tatsache erschrocken, daß sich höchst gelehrte Leute – Professoren, Museumsdirektoren, Kupferstich-Spezialisten – unter dem Vorwand von ‚Wissenschaftlichkeit' derart befehden konnten, daß sie schließlich vor lauter Bäumen den Wald nicht mehr sahen. Statt über das zentrale Anliegen der ‚Kunst des Sterbens' nachzudenken, zu reden und zu schreiben – was sie ja durchaus kontrovers, aber mit Anstand hätten tun können –, bissen sie sich in Formalien und Nebensächlichkeiten fest und vergeudeten ihre Zeit und Energie. Anhand dieses abschreckenden Beispiels wollte ich mich ein- für allemal als Wissenschafter wappnen. Passen wir nicht auf, kann uns jederzeit dasselbe passieren: wir engagieren uns in irgendwelchen Nebensächlichkeiten und verlieren dabei das Wesentliche mehr und mehr aus den Augen. Es ist heute jedoch nicht weniger schade für die in solchem Zusammenhang verschwendete Zeit und die dabei vergeudeten Energien als damals.

Wenn ich die ‚Ars moriendi'-Geschichte trotz der an sich weiten Verbreitung des Büchleins am *Oberrhein* angesiedelt habe, so geschah dies zu Ehren des eingangs erwähnten Kupferstechers E. S. Bei diesem ‚Meister E. S.' haben wir es erneut mit einem Notnamen zu tun. Obwohl er einer der produktivsten, vielseitigsten und einflußreichsten Kupferstecher des 15. Jahrhunderts gewesen zu sein scheint, wissen wir fast nichts von ihm. Einzig ein gutes Dutzend Stiche trägt seine Initialen: ‚E. S.' Sie stammen hauptsächlich aus den Jahren 1466 und 1467. Kurze Zeit darauf dürfte E. S. gestorben sein. Die zum Druck verwendeten Papiere sowie ein paar Dialekt-Aufschriften auf einigen Stichen lassen vermuten, daß er in einer der damals bedeutenden Städte am *Oberrhein* gelebt und gearbeitet hatte – in Konstanz, in Basel, in Freiburg, in Straßburg?

Ich hebe diesen Meister E. S. hier nicht deshalb hervor, weil ich im eben erwähnten Prioritätenstreit zwischen Kupferstich- und Holzschnittfolge für ihn Stellung beziehen möchte. Hierzu mangelt es mir an Kompetenz. Doch bin ich dem E. S. aus anderen Gründen tief verpflichtet. Er hat mir nämlich die Augen geöffnet. Zwar verfügt das Kupferstichkabinett Berlin-Dahlem (in allernächster Nähe meines Instituts) über keine komplette Serie von E. S.-Stichen zur ‚Ars moriendi'. Solchen Besitzes kann sich heute nur das Ashmolean Museum in Oxford rühmen – als einziges auf der Welt. Doch gibt es zumindest ein prachtvolles Exemplar der Eingangsillustration, also der ‚Versuchung im Glauben'. Und an ihm habe ich diese ‚Ars' überhaupt erst entdeckt und allmählich gelernt, Betrachtungen über jene einstmalige ‚Kunst des Sterbens' anzustellen. Das kleine Blatt von nicht einmal Postkartengröße wirkte bei mir somit als Initialzündung. Meine Interesse war geweckt. Ich vertiefte mich mehr und mehr in die Materie. Gewiß habe ich die übrigen zehn Abbildungen, auf die ich damals natürlich neugierig geworden war, anschließend anderswo gesehen, nämlich in der etwas weiter entfernten Handschriftenabteilung der Berliner Staatsbibliothek. Dort befindet sich jene vollständige Holzschnitt-Ausgabe, die meinen Umzeichnungen hier zugrunde liegt. Das Nachdenken über ‚Die Kunst des Sterbens' aber hat aufgrund des Bildchens im Kupferstichkabinett eingesetzt. Und dafür bin ich dem E.S. dankbar. Denn die Einsicht scheint heute zu wachsen, daß auch wir wieder lernen sollten, uns selbst, unser Dasein vom Ende her zu sehen und zu ordnen. Auch wenn wir nun im allgemeinen länger leben und unsere physische Existenz bis fünfzig, sechzig, siebzig, ja achtzig ungefährdeter ist als je zuvor oder sonstwo auf der Welt, sollten wir uns davor hüten, Träume von Unsterblichkeit zu träumen. Der Meister E. S. hat mich gelehrt, hierüber zu reflektieren. Möge er dieselbe Wirkung auch auf andere haben!

Und noch eine zweite Welt hat mir dieser Meister aufgetan, nämlich die Welt der Kupferstichkabinette. Oder allgemeiner gesagt: eine Welt voll ungeahnter Kostbarkeiten, mit verborgenen Juwelen noch und noch. Es hat lang in meinem Leben gedauert, bis ich diese Oasen wohltuender Ruhe und Besinnlichkeit entdeckte. Nirgendwo sonst wurde mir dann so bewußt wie hier, was ‚kulturdurchtränkte europäische Erde' meint – wenn mir der Leser diesen anspruchsvollen und meines Erachtens doch so richtigen Ausdruck erlaubt. Anders als der Name erwarten läßt, enthalten Kupferstichkabinette bei weitem nicht nur Kupferstiche. Die häufig in die Zehn-, ja Hunderttausende gehenden Objekte solcher Sammlungen umfassen Werke der abendländischen Zeichenkunst seit dem frühen Mittelalter genauso wie mit Malereien geschmückte mittelalterliche Handschriften, Einzelminiaturen und Einblattholzschnitte, kolorierte Blockbücher, Inkunabeln oder Wiegendrucke, Radierungen, Lithographien, Linolschnitte und Farbsiebdrucke sowie weitere Erzeugnisse der modernen Druckgraphik.

Zwar mögen die Namen, denen wir hier begegnen, im großen und ganzen identisch sein mit denjenigen, die wir von Besuchen in unseren Gemäldegalerien auch schon kennen. Doch kommen wir den Kultur-Schaffenden hier meist unvergleichlich viel näher. In den Bildergalerien sehen wir ihre Endprodukte. Hier dagegen haben wir es häufig mit im Werden begriffener Kunst zu tun. Erhaltene Skizzen, Entwürfe, Detailstudien, Fragmente, Vorarbeiten aller Art lassen uns am Entstehen eines Werkes Anteil nehmen. Auf diese Weise erfahren wir mehr über die Absichten und das oft mühsame Ringen des Künstlers. Doch auch was die in Kupferstichkabinetten enthaltenen ‚Fertigprodukte' betrifft – Miniaturen, delikate Federzeichnungen, Gouachen, Lavierungen, Aquatinten –, wollen einem dort die Augen oft übergehen. Das abendländische Kunstschaffen ist seit Jahrhunderten unendlich viel reicher, als man sich das bei einem Gang durch unsere Kunstmuseen mit ihren letztlich doch sehr beschränkten Ausstellungsmöglichkeiten je träumen läßt. Ein bißchen mehr von diesen verborgenen Schätzen für sich zu heben und angesichts unseres längeren Lebens fruchtbar zu machen, scheint mir keine schlechte Idee. Niemand ist von der Teilnahme ausgeschlossen.

Gewiß hatte ich schon früher ähnlich augenöffnende Entdekkungen gemacht. Nach wiederholten Aufenthalten in Indien und China und der damit verbundenen Sensibilisierung für deren an sich ältere Kulturen waren dies zum Beispiel die für mich damals ganz neuen Entdeckungen der indischen Moghul-Miniaturmalerei und der chinesischen Ritualbronzen gewesen. Die Vertiefung in beide Künste von höchster Vollendung allerdings geschah außerhalb von deren Heimat. Die herrlichsten Moghul-Miniaturen sah ich bisher in der Asienabteilung des Victoria and Albert-Museums in London, im Musée Guimet in Paris, in der David'schen Sammlung in Kopenhagen und im Rietberg-

Museum in Zürich, und die schönsten und zudem äußerst besucherfreundlich präsentierten chinesischen Ritualbronzen in der Arthur M. Sackler-Sammlung in Washington. Die kleinen Reichtümer unserer eigenen abendländischen Kultur waren mir dagegen bislang verborgen geblieben. Nun hatte ich sie – dank E. S. – vor mir, und das an Ort und Stelle, wo sie entstanden waren und seit eh und je hingehörten. Hier spürte ich meinen eigenen Wurzeln nach.

Diesen zweiten Punkt kann man sehr wohl mit dem ersten verbinden. Bilder aus einer ‚Ars moriendi' betrachten und über ihren Inhalt nachsinnen heißt in keiner Weise, nun wie gelähmt auf das Ende des Lebens starren und sein ganzes restliches Dasein bloß noch in dumpfer Resignation passiv erleiden. Den Tod als Faktum akzeptieren, ihn als Herausforderung an das Leben annehmen kann gerade umgekehrt bewirken – und hat bei mir bewirkt –, nun nur umso mehr aus dem Leben zu machen. So merkwürdig es klingt: die Bilder der ‚Ars moriendi' leisten hierzu eine ungewöhnliche Hilfestellung. Sie sind in keiner Weise makaber, stimmen nicht pessimistisch. Dies rührt wohl in erster Linie daher, daß es in den ganzen elf Abbildungen überhaupt nicht um den Tod geht. Er ist vielmehr der große Abwesende. So bewegt die elf Bilder auch immer sind: er tritt nie in Erscheinung. Die ‚Ars moriendi' ist kein ‚Memento mori', die ‚Kunst des Sterbens' keine Ermahnung, ständig des Todes eingedenk zu sein. Nirgends fände man auch nur den geringsten Hinweis auf eine bevorstehende Verwesung des Körpers. Es gibt kein verrinnendes Stundenglas, keine kahlen Schädel, keine bleichen Knochen oder halbverfaulten Leiber – nichts dergleichen.

Bilder einer ‚Ars moriendi' ansehen wird uns nicht gleichermaßen leicht gemacht, wie Bilder in einem Kunstmuseum betrachten. Das Vordringen in ein Kupferstichkabinett bedarf schon einiger Anstrengungen, und dies wiederum setzt motivierte Beharrlichkeit voraus. So gilt es zum Beispiel, beschränkte Öffnungszeiten zu beachten. Manchmal muß man sich voranmelden und die gewünschten Stücke vorbestellen. Ist man erst einmal bis in den Studiensaal vorgedrungen, so dürfen wertvolle Stiche oft nur weiß behandschuht und unter strenger Aufsicht eingesehen werden – wenn man nicht gar versucht, den Interessenten mit einem, so vorhanden, Faksimile abzuspeisen.

Doch lasse man sich dadurch nicht irre machen oder gar vor weiteren Besuchen abhalten, denn welchen Reichtum gibt es hier nicht zu entdecken! Allein schon einen einzigen Stich des Meisters E. S. für eine halbe Stunde vor und ganz für sich zu haben, lohnt den Aufwand – und sei dieser Stich noch so klein wie das erste Blatt seiner ‚Ars moriendi' im Dahlemer Kabinett (zur Erinnerung: ganze 91 × 69 Millimeter!). Es ist eine erfüllte halbe Stunde, von der man anschließend noch während manch weiterer Stunde zehren kann. Ein erfülltes langes Leben setzt sich zusammen aus vielen erfüllten halben und erfüllten ganzen Stunden. Der Meister E. S. hat mir bisher eine ungewöhnlich große Zahl davon beschert. Ich schulde ihm Dank. – Dank vor allem aber auch deswegen, weil die Reichtümer von Kupferstichkabinetten für uns selbst noch in höherem und hohem Alter erreichbar sein und aufregende Entdeckungen in Fülle bereithalten werden, das heißt selbst noch zu einem so fortgeschrittenen Zeitpunkt im Leben, zudem jene fernen Länder, an die man im Zusammenhang mit ‚aufregenden Entdeckungen' sonst zuerst denkt wie Indien oder China, längst außerhalb dieser Reichweite liegen. Das Gespür dafür, das Wissen darum und vor allem der Hunger danach müssen allerdings lange vor dem Eintritt ins höhere und hohe Alter gesät, gepflanzt, gehegt und kontinuierlich gepflegt werden.

4. Schweden, 1760er Jahre

Britta und Erik hätten im Oktober 1763 gerne geheiratet. Oktober war bei unseren Vorfahren schon immer der beliebteste Heiratsmonat. Dies galt besonders auf dem Lande. Nach eingebrachter Ernte hatten die Bauern nicht nur Zeit für Feste und Feiern, sondern – vor allem, wenn die Ernte gut ausgefallen war – auch reichlich Vorräte. Selbst eine große Zahl von Gästen konnte dann angemessen bewirtet werden. Nicht selten fanden rund ein Drittel oder noch mehr Heiraten in diesem einzigen Monat statt.

So war es auch 1763 in Lohja, wie ich vor einiger Zeit selbst nachprüfte. Aus Kirchenbuch-Eintragungen geht dort hervor, daß in jenem Jahr nicht weniger als 66 von insgesamt 158 Brautpaaren im Oktober vor den Traualtar traten. Das ist fast die Hälfte. Während der beiden strengsten Sommermonate waren es nur drei Paare gewesen: im Juli zwei, im August sogar ein einziges.

Wer sich in den nordischen Ländern auskennt, wird mir entgegenhalten, daß Lohja gar nicht in Schweden liege, sondern zu Finnland gehöre. Das ist richtig – heute jedenfalls. In historischer Zeit war das anders. Bis zu Beginn des 19. Jahrhunderts bildeten die beiden Länder gemeinsam das Königreich Schweden mit der Hauptstadt Stockholm. Hier wie dort gab es die gleiche Verwaltung und galten die gleichen Gesetze. Was ich in dieser Geschichte somit über Schweden sage, traf in vielerlei Hinsicht gleichermaßen auch auf den finnischen Reichsteil zu – und umgekehrt. Dieser Hintergrund erklärt, weshalb ich mich im folgenden – ohne dies im Text immer einzeln zu erwähnen – bisweilen auf finnisches, dann wieder auf schwedisches Archivmaterial stütze. Manchmal ist es hier, manchmal dort besser erhalten oder von den Historikern des einen oder des anderen Landes gründlicher aufgearbeitet worden. Bisweilen gibt es die

Quellen auch nur für den einen Reichsteil. Wichtig ist mir bei der Geschichte von Britta und Erik nicht, wo die beiden im damaligen Königreich genau gelebt haben könnten. Wichtig ist vielmehr, was uns ein – wie wir gleich sehen werden – einzigartiges skandinavisches Quellenmaterial lehren kann. Um diese Erkenntnisse mit Leben zu füllen, habe ich Britta und Erik ‚erfunden'. Die beiden Namen stehen somit einfach für einen schwedischen ‚Jedermann' und eine schwedische ‚Jedefrau'. Sie hätten ebenso gut auch finnische Reichsuntertanen aus der zweiten Hälfte des 18. Jahrhunderts sein können.

Wer will, kann die einzelnen Archiv-Fundorte dann immer noch genau lokalisieren. (In den Hinweisen am Schluß des Buches habe ich die exakten Fundorte angegeben.) So handelte es sich beim erwähnten Lohja zum Beispiel um eines der damaligen Kirchendekanate in Südwestfinnland, beidseits der schwedisch-finnischen Sprachgrenze gelegen. Sein Zentrum liegt etwa fünfzig Kilometer westlich von Helsinki. Die schwedische Bezeichnung für Lohja ist Lojo. Das Dekanat Lohja/Lojo bestand damals, außer der Mutterpfarrei gleichen Namens, aus den Kirchengemeinden Loppi/Loppis, Vihti/Vichtis, Espoo/Esbo, Kirkkonummi/Kyrkslätt und Siuntio/Sjundeå. Hinzu kamen die drei kleinen Orte Nummi/Nummis, Pusula und Pyhäjärvi, die nur je eine Kapelle hatten. Nummi und Pusula wurden von Lohja, Pyhäjärvi von Vihti aus betreut. Alle Namen findet man noch heute auf einer finnischen Landkarte (vgl. z. B. Maanmittaushallitus 1989 [= 1:200000] bzw. Maanmittaushallituksen kartografinen toimisto 1963, 1967, 1969, 1969 [=1:100000]).

1763 lebten im Dekanat Lohja ingesamt 16623 Menschen. Sie bildeten 1710 Haushalte. Da das schwedische Königreich 1749 als erstes Land der Welt ein Statistisches Zentralbüro einrichtete, wissen wir seit damals zuverlässig Bescheid über Größe und Zusammensetzung der Bevölkerung bis hinab auf Gemeindeebene. Die Erhebungsbögen sind bis heute erhalten. Und da die Amtssprache überall schwedisch war, sehen sie in beiden Reichsteilen gleich aus.

Aus der geplanten Heirat von Britta und Erik wurde im Herbst 1763 jedoch nichts. Sie hatten nicht mit dem Pfarrer gerechnet. Er machte ihnen einen unerwarteten dicken Strich durch die Rechnung. Ohne Einwilligung des Pfarrers gab es nun einmal keine Heirat, denn schließlich mußte er das Paar vor versammelter Kirchengemeinde trauen. Sagte er nein, dann konnte nichts daraus werden. Und er *hatte* nein gesagt. Es war eine höchst peinliche Angelegenheit, peinlich für die Familien von Braut und Bräutigam, peinlich für das Brautpaar selbst. Auf beiden Höfen hatte man bereits alles für den großen Tag vorbereitet. Nun mußten die Gäste wieder ausgeladen werden. Auch kam man nicht darum herum, ihnen zu erläutern, wieso die plötzliche Absage erfolgte.

Die Schuld lag eindeutig bei Erik. Wie in jedem Jahr war der Pfarrer kurz zuvor auf seinem üblichen Rundgang von Hof zu Hof auch bei Eriks Eltern erschienen. Unter dem Arm hatte er das ledergebundene dicke Buch, in dem er jährlich einmal eintragen mußte, wie es um die Lesekenntnisse eines jeden Gemeindemitgliedes bestellt war. Wenn der Rundgang einem Pfarrer zu beschwerlich fiel, konnte er seine Schäfchen auch in die Kirche aufbieten oder die Bewohner mehrerer weit auseinander liegender Höfe zum gleichen Zweck auf einem einzigen Gehöft versammeln. So schrieb es die schwedische Kirchenordnung von 1686 für alle Pfarreien im ganzen Königreich vor. Diese Protokollbücher sahen überall gleich aus. Sie waren stets haushaltsweise gegliedert. Jeder Haushalt begann auf einer neuen Doppelseite. Links standen der Reihe nach die Namen aller Familienangehörigen, zuoberst der Mann, dann die Frau. Es folgten die Söhne und Töchter und schließlich die Knechte und Mägde, Onkel und Tanten und wer sonst noch immer unter demselben Dach wohnte, auch sie alle einzeln mit Namen und Altersangaben. Für jede Person war eine eigene, über beide Seiten laufende Zeile reserviert.

Daß es bei diesen jährlichen ‚Befragungen' keineswegs um harmlose Gespräche ging, sondern es sich dabei um eine strenge Prüfung jedes Haushaltsmitgliedes handelte, geht schon aus dem Namen hervor, den diese Protokollbände erhielten. Auf schwedisch heißen sie ‚Husförhörslängder'. Zu deutsch meint das ‚Hausverhörsregister'. Auch sie haben sich bis heute erhalten und sind in den letzten Jahren vor allem von schwedischen Historikern gründlich erforscht worden. Die ältesten reichen bis in die 1620er Jahre zurück. Sie setzten also ein, lange bevor sie 1686 Allgemeinvorschrift wurden.

Erik hatte das Examen 1763 *nicht* bestanden. Zur Prüfung gehörten immer zwei Teile, einerseits Lesen, andererseits zeigen, daß man das Gelesene auch verstanden hatte. Zu diesem Zweck forderte der Pfarrer ein Haushaltsmitglied nach dem anderen auf, einen Abschnitt aus der Heiligen Schrift oder dem Katechismus oder einem Psalmenbuch laut vorzulesen. Anschließend mußte das Gelesene in eigenen Worten wiedergegeben werden.

Erik war schon an der ersten Aufgabe gescheitert. Folglich hatte er auch keine Aussichten, den zweiten Prüfungsteil zu bestehen. So protokollierte der Pfarrer bei ihm trocken: „Erik Eriksson – 26 Jahre – kann nicht – kann nicht". Das erste „kann nicht" bezog sich auf die Lese(un)kenntnisse, das zweite auf das (mangelnde) Textverständnis. Alle übrigen Haushaltsmitglieder hatten dagegen die Prüfung bestanden. Je nach ihrer Leistung erhielten sie in den beiden Rubriken die Noten „hat angefangen", „ein wenig", „einigermaßen", „kann", „zufriedenstellend", ja sogar „ausgezeichnet" und „sehr gut". In den Verhörslisten fehlten jeweils einzig die Kleinkinder. Sie hatten hier verständlicherweise noch nichts zu suchen.

Der ablehnende Bescheid des Pfarrers war – zumindest für jenes Jahr – endgültig, denn wie sollte jemand, der wie Erik die Heilige Schrift und den Katechismus weder lesen noch verstehen konnte, als Gott gegenüber verantwortliches Oberhaupt einer Familie, ja einem ganzen Haushalt im wahren christlichen Geiste vorstehen? Das war unvorstellbar! Wie oft hatte der nun prüfende Pfarrer während seines eigenen Theologiestudiums seinerzeit in Uppsala nicht zu hören bekommen, daß so etwas auf keinen Fall anginge. So ließ er sich denn auch nicht erweichen, weder von Eriks Eltern, noch von den Nachbarn, die ein gutes Wort für ihn einlegen wollten. Bevor Erik nicht zumindest „einigermaßen" lesen und „einigermaßen" das Gelesene verstehen konnte, würde er in keine Heirat einwilligen – basta!

Der nächste Hausverhörstermin stand in einem Jahre an. Bis dahin hatte Erik Zeit. Er erhielt dann eine neue Chance.

Da nützte es im Augenblick auch nichts, daß die Prüfung bei Britta anders ausgefallen war. Auch auf dem Hof ihrer Eltern war der Pfarrer erschienen und hatte alle Bewohner ‚verhört'. Dabei konnte er bei Britta zwei Mal die Note „zufriedenstellend" ins Protokollbuch eintragen. Dennoch mußte auch sie ihre Heiratspläne nun um mindestens ein Jahr – bis zum nächsten Hausverhörstermin – aufschieben. Britta nahm sich vor, Erik in den kommenden Monaten nicht nur energisch immer wieder zum Buchstabieren- und Lesenlernen anzuhalten, sondern ihm so oft wie möglich dabei auch zu helfen. Im Winter würde viel Zeit hierfür zur Verfügung stehen. Dann ruhte auf beiden Höfen die Arbeit weitgehend. Das nächste Mal *mußte* es Erik schaffen. Sie wollte sich nicht noch einmal seinetwegen vor aller Öffentlichkeit blamieren und zum Gespött der Leute werden.

An sich war die Propagierung und Verbreitung allgemeiner Lesekenntnisse in den protestantischen Ländern Europas seit der Einführung der Reformation im 16. Jahrhundert nichts Ungewöhnliches. Das Königreich Schweden nahm hier keine Sonderstellung ein. Allenthalben wurde seit damals von jedem einzelnen erwartet, daß er sich das Wort Gottes durch Lektüre selbst anzueignen vermochte. Im Hinblick auf die gesamte Bevölkerung eines Landes konnte dies selbstverständlich nur in der jeweiligen Muttersprache – deutsch, englisch, niederländisch, dänisch, norwegisch – geschehen. In schwedischer Übersetzung lag die Bibel erstmals 1541 komplett vor. Obwohl die technischen Möglichkeiten für die anschließende massenhafte Verbreitung dieser volkssprachlichen Werke damals durch den Buchdruck bereits gegeben waren, dienten die Übersetzungen doch während des ganzen 16. Jahrhunderts noch fast ausnahmslos dem Gottesdienst und der Predigt. Für breitere Bevölkerungsschichten waren die umfangreichen Buchprodukte zu teuer. Für sie wurden billigere Druckwerke geringeren Umfangs, dafür in hoher Auflage hergestellt.

So war etwa der massenhafte Druck und Vertrieb von Psalmenbüchern für den Alltagsgebrauch im Familienkreise gedacht. Die frühesten Publikationen dieser Art lagen in Schweden schon in den 1530er Jahren, also noch vor der Bibelausgabe vor. Neben Psalmen enthielten sie meistens einige Texte aus der Heiligen Schrift, die zu den verschiedenen Zeiten im Kirchenjahr paßten. Ferner wurde der Katechismus mit den Erläuterungen Luthers sowie das Glaubensbekenntnis abgedruckt. Häufig fand sich schließlich noch eine Reihe von Gebeten, die sich sowohl für den Gebrauch zu Hause wie auch beim Gottesdienst eigneten. Das damals wahrscheinlich am weitesten verbreitete Psalmenbuch von 1695 erreichte im Verlaufe eines guten Jahrhunderts in Schweden nicht weniger als zweihundertfünfzig Auflagen. Man hat errechnet, daß dabei mindestens anderthalb Millionen Exemplare hergestellt und in Umlauf gebracht worden waren. Es wurde erst 1819 durch ein neues Buch abgelöst. Wichtig in unserem Zusammenhang ist, daß die Ausgabe von 1695 sowie alle darauf basierenden Editionen das sogenannte ‚Goldene Alphabet' enthielten. Hierbei handelt es sich um eine Zusammenstellung von vierundzwanzig Bibelversen, bei der jeder Vers in alphabetischer Reihung mit einem Zierbuchstaben des schwedischen Alphabets beginnt.

Eine noch größere Verbreitung als das erwähnte Psalmenbuch hatten allerdings verschiedene Editionen des Katechismus. Auch sie enthielten in aller Regel gleichzeitig ein Buchstabier-Alphabet. Darüber hinaus gab es zum selben Zweck des Buchstabieren- und Lesenlernens auch noch reine ABC-Hefte, die als solche gedruckt und in Umlauf gesetzt wurden. Didaktisch waren alle diese Werke gleich angelegt. Als erstes sollten sich die noch leseunkundigen Kinder oder Erwachsenen den Namen eines jeden Buchstabens einprägen. Der nächste Schritt bestand darin, Silben erkennen und lesen zu lernen. Anschließend folgte das Zusammensetzen der Silben zu Wörtern und dann der Wörter zu ganzen Sätzen.

Ist für das Königreich Schweden somit auch belegt, daß es von diesen Psalmenbüchern und Katechismen samt ihren ABCs ungewöhnlich hohe Auflagen gab und sie im 17. und 18. Jahrhundert praktisch in jedem Haushalt anzutreffen waren – die Bibel kam als Buch erst im Verlaufe des 19. dazu –, so war doch die Kirchenordnung von 1686 noch einen entscheidenden Schritt weitergegangen. Studieren wir jenen Erlaß genau, dann finden wir darin klare Anweisungen an die Geistlichen, auf welche Art und Weise *allen* Gläubigen das Lesen beigebracht werden sollte, denn selbst „Kinder, Knechte und Mägde sollen lesen lernen und mit eigenen Augen die Gebote Gottes in der Heiligen Schrift zur Kenntnis nehmen".

Wie dieses Ziel erreicht worden sei? Genutzt wurde insbesondere die Anwesenheit der meisten Gläubigen bei den Gottesdiensten. Streckenweise entwickelten sie sich zu eigentlichen Erziehungs-Veranstaltungen. Anhand der ABCs wurde das gemeinsame Buchstabieren und Silbenlesen unter Anleitung und Überwachung des Pfarrers trainiert. Während der darauf folgenden Woche sollte zuhause weiter geübt werden, wobei die älteren Familienmitglieder, allen voran die Väter und Mütter, den Heranwachsenden an die Hand zu gehen hatten. Der Grad der angeeigneten Fähigkeiten wurde sodann, wie bereits geschildert, jährlich einmal im Rahmen eines ‚Hausverhörs' individuell überprüft.

Was in Schweden – selbst für ein protestantisches Land – jedoch ganz und gar außerhalb des Gewohnten liegt, ist die Tatsache, daß wir aufgrund der einzigartigen ‚Husförhörslängder' in allen Einzelheiten über die landesweite Ausbreitung und zunehmende Intensität der Lesekenntnisse exakt Bescheid wissen. Diese sonst nirgendwo vorhandene Quellengrundlage erlaubt uns, bis auf Individualebene hinab festzustellen, wer wo zuerst lesen konnte, ob Männer früher als Frauen (beim Brautpaar Britta und Erik war es umgekehrt), ob Ältere früher als Jüngere, oder ob gerade umgekehrt Kinder ihre Eltern im Lesen instruierten und es sich bei der Ausbreitung somit um eine Generationsfrage handelte.

Gab es anfänglich noch erhebliche Unterschiede zum Beispiel zwischen den einzelnen Schichten der Gesellschaft, zwischen Stadt und Land, zwischen verschiedenen Landesteilen, so glichen sich diese Disparitäten immer mehr aus. Bis zur Mitte des 18. Jahrhunderts waren sie weitgehend verschwunden. Spätestens in dessen zweiter Hälfte konnte, von Ausnahmen abgesehen, die gesamte schwedische Bevölkerung lesen: Männer, Frauen, heranwachsende Kinder.

Zwei weitere Dinge sind bemerkenswert. Zum einen erfolgte diese Ausbreitung allgemeiner Lesekenntnisse völlig außerhalb eines organisierten Schulwesens. Die Verantwortung für das Buchstabieren- und Lesenlernen lag im wesentlichen bei den Eltern. Zweifellos trugen kirchlich-obrigkeitlicher Zwang und sozialer Druck das ihre zum Erfolg bei: wer nicht lesen konnte, wurde zum Beispiel weder zum Abendmahl zugelassen, noch durfte er heiraten. Die Bloßstellung geschah in aller Öffentlichkeit.Zum andern stellen wir fest, daß in Schweden die allgemeinen Lesekenntnisse mehr als ein Jahrhundert vor den allgemeinen Schreibkenntnissen vorhanden waren. Jenen zweiten Teil der Alphabetisierung leisteten erst die im 19. Jahrhundert landesweit eingerichteten Elementarschulen.

Wenn aber Lesenlernen in Schweden nachweislich auch ohne Schule möglich war, dann müßte dies doch eigentlich auch anderswo der Fall sein können. Diese Einsicht ist für eine Reihe heutiger Entwicklungsländer mit einerseits einer hohen Analphabetenquote und andererseits beschränkten Ressourcen von erheblicher praktischer Bedeutung, denn selbstverständlich ist diese Art von ‚Schulung ohne Schule' wesentlich kostengünstiger als Aufbau und Unterhalt eines teuren Schulwesens. Das Königreich Schweden hat es vorexerziert und schon vor zweihundert Jahren gezeigt, daß auch eine damals keineswegs reiche, bäuerliche Gesellschaft lange vor der Industrialisierung zu hundert Prozent des Lesens mächtig sein konnte.

Doch nicht nur die Kirche Schwedens hatte damals ein großes Interesse daran, daß ihre Mitglieder lesen konnten. Auch die staatliche Obrigkeit zeigte sich zunehmend an solchen Kenntnissen ihrer Untertanen interessiert. So waren schon 1723 „alle Eltern" in einer königlichen Verordnung angehalten worden, „dafür zu sorgen, daß ihre Kinder sich fleißig der Katechismus- und Buchlektüre widmeten". Wer der Aufforderung nicht nachkam, hatte mit Geldbußen zu rechnen. Die hierbei anfallenden Beträge sollten ihrerseits „zur Ausbreitung der Lesekenntnisse unter armen Kindern in der Pfarrei" verwendet werden. Bald ging es dem Staat allerdings nicht mehr nur um die Katechismus- und Bibellektüre seiner Untertanen, sondern um die Aneignung auch ganz anderer Lesestoffe. – Sehen wir bei Britta und Erik nach!

Die guten Noten beim letzten Hausverhör hatten der jungen Frau mächtigen Auftrieb gegeben. Sie las in jenem Winter nicht nur häufig im Katechismus und im Psalmenbuch und half auch nicht nur Erik so oft wie möglich beim Buchstabieren- und Lesenlernen. Sie verlangte nach *mehr* Lektüre. Und sie verlangte nach *anderer* Lektüre. Wo sie schon einmal lesen konnte, wollte sie ihre Kenntnisse auch anwenden. Hatte der Pfarrer letzthin nach einem Gottesdienst nicht beiläufig erwähnt, daß der Wandschrank in der Sakristei eine kleine Bücherei enthalte? Es fänden sich allerhand nützliche Schriften für Bauersleute darunter, so etwa Anweisungen, wie man sich bei Krankheiten unter Mensch und Vieh verhalten sollte.

Von einigen Titeln hatte der Pfarrer mehrere Exemplare. Sie wurden ihm, wie allen anderen Geistlichen im ganzen Lande, meist kostenlos von der Königlichen Hofdruckerei in Stockholm überlassen. Wer unter den Gemeindemitgliedern dann zuerst erschien und sich für eines der Büchlein interessierte, bekam es meist nicht nur ausgeliehen, um es zu lesen und vorübergehend zu Rate zu ziehen. In der Regel durfte er es gleich behalten, vorausgesetzt, daß auch er es bei bekundetem Interesse im eigenen Bekanntenkreis weiterreichte.

Als sich Britta nun hieran erinnerte und nach dem nächsten Gottesdienst den Pfarrer in der Sakristei aufsuchte, hatte er gerade ein paar gleichlautende Exemplare eines frisch eingetroffenen Bücherpakets vor sich liegen. Sie waren noch nicht einmal im Schrank versorgt. Er selbst hatte bisher bloß den Titel überfliegen können. Dieser kam ihm allerdings bekannt vor. Bei den Büchlein mußte es sich um die Neuauflage eines Druckes handeln, von dem er ein paar Jahre zuvor schon einmal ein paar Stück bekommen, diese inzwischen aber längst alle verteilt hatte. Da er sich von der damaligen Lektüre noch an den Inhalt erinnerte, meinte er nun gleich, daß dies sicher etwas für Britta wäre. Ihr Verlobter Erik würde die Leseprüfung beim nächsten

Späda Barns
Nödiga ans och Skötsel,
Alla Christeliga Föräldrar åliggande.

STOCKHOLM,
Tryckt uti Kongl. Tryckeriet 1755.

Abb. 26: „Späda Barns Nödiga Ans och Skötsel, Alla Christeliga Föräldrar åliggande“ (zu deutsch: „Über die notwendige Pflege und Behandlung von Neugeborenen, so wie sie allen christlichen Eltern als Pflicht obliegt“). Titelblatt einer 16seitigen Aufklärungsbroschüre des Königlich-Schwedischen Collegium Medicum; 1755.

Hausverhör gewiß bestehen und dann fände bestimmt auch gleich die Heirat statt? Für eine Braut wie sie aber, eine angehende Hausfrau und Mutter, wäre das Büchlein aus Stockholm in erster Linie gedacht. Es sei nämlich vom Collegium Medicum, der obersten Gesundheitsbehörde des Landes in Auftrag gegeben worden und richte sich „an alle Eltern“.

Britta nahm eines der Exemplare zur Hand und las auf dem (in Abbildung 26 wortgetreu wiedergegebenen) Deckblatt: „Späda Barns Nödiga ans och Skötsel, Alla Christeliga Föräldrar åliggande. Stockholm, tryckt uti Kongl. Tryckeriet 1755“. Zu deutsch meint das: „Über die notwendige Pflege und Behandlung von kleinen Kindern, so wie sie allen christlichen Eltern als Pflicht obliegt. Gedruckt zu Stockholm in der Königlichen Hofdruckerei im Jahre 1755". Bevor Britta das Heft an sich nahm, fragte sie den Pfarrer, ob sie es denn auch behalten dürfte. Nachdem er ihr das zugestanden hatte, dankte sie ihm mit einer Verbeugung, steckte das schmale Büchlein in einen ihrer weiten Ärmel und ging damit nach Hause. An diesem Sonntagnachmittag würde sie viel Zeit haben, um es gleich zu lesen.

Es war noch nicht Abend, als Britta mit der Lektüre schon zu Ende war. Das Heft umfaßte nicht mehr als sechzehn Seiten. Der Text war in dreiundzwanzig Paragraphen gegliedert. Dazu kam eingangs ein Vorwort von einer halben Seite. Britta legte eine kurze Pause ein. Dann begann sie mit der Lektüre von vorn. Nun las sie auf der ersten Seite: „Wie das Königliche Collegium Medicum in letzter Zeit aufgrund von vielen, aus dem ganzen Reich zusammenströmenden Berichten erfahren hat, sterben viele Kinder wegen unsachgemäßer Pflege viel zu früh. Darunter befinden sich besonders zahlreiche Säuglinge. Das Collegium erachtet es deshalb als seine Pflicht, mit den folgenden wohlgemeinten Ratschlägen, die sich an alle Eltern im ganzen Lande richten, für gründliche Abhilfe zu sorgen. Insbesondere während der ersten Monate bedürfen die Neugeborenen der ganzen Liebe und Zuwendung ihrer Eltern. In dieser Zeit wird die Grundlage für die körperliche Stärke oder Schwäche während der kommenden Jahre gelegt".

Die Sorgen der obersten Gesundheitsbehörde im Reich waren damals nicht unbegründet. Nur wenige Jahre zuvor hatte, wie wir bereits hörten, das Statistische Zentralbüro 1749 in Stockholm seine Tätigkeit aufgenommen. Seit damals hatte jeder Pfarrer im gesamten schwedisch-finnischen Königreich jährlich großformatige Vordrucke auszufüllen, in denen er „medio Januarii", Mitte Januar, die exakte Zahl der im abgelaufenen Jahr in seiner Pfarrei Geborenen und Verstorbenen eintragen mußte. Als Unterlagen dienten ihm hierbei die Tauf-, Heirats- und Beerdigungsregister, die seit der Kirchenordnung von 1686 in jeder Gemeinde laufend zu führen waren. Im sogenannten ‚Formular II', das heißt im Vordruck für die Verstorbenen, wurde nicht nur zwischen männlich und weiblich unterschieden, sondern es gab hier auch einundzwanzig Spalten für die verschiedenen Altersgruppen sowie dreiunddreißig Rubriken für die wichtigsten Todesursachen oder Ursachengruppen. Auf diese Listen bezog sich das Collegium Medicum, als es in seiner Einleitung von den „vielen, aus dem ganzen Reich zusammenströmenden Berichten" sprach.

Für das Jahr 1755, in dem die Behörde ihre Broschüre veröffentlichte, hatte sich nach der Zusammenzählung sämtlicher Listen im Stockholmer Zentralbüro folgendes Bild ergeben. Bei einer Gesamtbevölkerung von 1875029 Personen waren in Schweden (ohne den finnischen Reichsteil) insgesamt 70008 Kinder lebend zur Welt gekommen. Davon verstarben jedoch nicht weniger als 15779 im Verlaufe ihres ersten Lebensjahres. Im Jahre zuvor waren es 68759 Lebendgeburten und 14135 Säuglingssterbefälle gewesen. Umgerechnet meinte dies für 1755 eine Säuglingssterblichkeit von 22,5 Prozent, für 1754 von 20,6 Prozent. (Im Vergleich dazu lag die Säuglingssterblichkeit in der Bundesrepublik Deutschland 1986 bei 0,87 Prozent; Statistisches Jahrbuch 1988 für die Bundesrepublik Deutschland, 78.) Dabei hatte es sich 1754 und 1755 in Schweden noch um ‚gute Jahre' gehandelt. Jedenfalls meldeten die Pfarrer in ihren Kommentaren zu den eingesandten Listen „keinerlei besondere Seuchen". In ‚guten Jahren' starb im Durchschnitt also ‚nur' einer von fünf Säuglingen, während vier andere zumindest eine Chance erhielten, auch noch ihr zweites Lebensjahr zu beginnen.

In ‚schlechten Jahren' sah das anders aus. Nehmen wir wieder das Jahr 1763 und jenes Kirchendekanat in Südwestfinnland, von dem zu Beginn dieser Geschichte die Rede war. In Lohja fanden 1763 insgesamt 623 Geburten statt. Dem standen jedoch 663 Sterbefälle gegenüber. Lohja mußte damals somit einen Bevölkerungsverlust hinnehmen, keinen gravierenden zwar, aber immerhin starben vierzig Personen mehr, als geboren wurden. Das einzigartige schwedisch-finnische Quellenmaterial erlaubt uns nun, auf der Suche nach den Gründen hierfür bestimmte

Sachverhalte besser zu verstehen und zu erklären. So hatten die Pfarrer im bereits erwähnten Mortalitäts-Vordruck II jeweils zusätzlich zu den statistischen Angaben noch eine Reihe von Fragen zu beantworten. Frage Nummer IV lautete zum Beispiel: „Ob besondere Krankheiten vorgeherrscht hatten?" Für 1763 findet sich hier für Lohja der Hinweis: „Pocken das ganze Jahr über". Schauen wir hierauf in der Altersgliederung der Verstorbenen nach, dann sehen wir, daß unter den insgesamt 663 Verstorbenen 175 noch kein Jahr alt waren. 175 Todesfälle unter 623 Geborenen bedeuten eine Säuglingssterblichkeit von 26,4 Prozent. Im Dekanat Lohjo starb 1763 somit einer von vier und nicht, wie in ‚guten Jahren', von fünf Neugeborenen.

Damit haben wir aber erst einen Gesichtspunkt betrachtet. Das schwedisch-finnische Quellenmaterial erlaubt uns, noch weitere Schlüsse zu ziehen. So fiel 1763 ins Gewicht, daß Pocken nicht nur Säuglingen im ersten Jahr das Leben gekostet hatten, sondern auch Heranwachsenden, die nach der letzten Pockenepidemie geboren und noch nie in Kontakt mit der Seuche gekommen waren. Sie alle verfügten über keinen Immunschutz. Da nun eine der dreiunddreißig Rubriken im Formular II den Pocken als Todesursache gewidmet war, erhalten wir durch Waagrecht- und Senkrechtlektüre genauen Aufschluß über das Alter jedes Pockentoten.

1763 hatten sich in Lohja insgesamt 186 Pocken-Todesfälle ereignet. Darunter befanden sich 32 Säuglinge unter einem Jahr. Wesentlich mehr, nämlich 62, fielen der Seuche in ihrem zweiten und dritten, 36 im vierten und fünften und nochmals 36 im sechsten bis zehnten Lebensjahr zum Opfer. Zwanzig Pockentote waren älter als zehn. – An *diesen* Sachverhalt mochte das Collegium Medicum gedacht haben, als es schon im Eingang seiner Aufklärungsbroschüre betonte, wie wichtig die Pflege der Säuglinge in den allerersten Monaten sei, denn zu jenem frühen Zeitpunkt würden die Grundlagen für das weitere gute Gedeihen und die körperliche Fitness im Kindesalter gelegt.

Nicht überall können wir bei den Todesursachen allerdings gleichermaßen zuverlässige Schlüsse ziehen wie soeben im Hinblick auf die Pocken. Wir haben zu bedenken, daß diese Angaben damals nicht wie heute auf einer ärztlichen Diagnose beruhten. Todesatteste waren in jener Zeit, schon mangels ausgebildeter Mediziner, unbekannt. In den allermeisten Fällen stammten sie auch nicht vom registrierenden Pfarrer. Vielmehr handelte es sich um Angaben aus der persönlichen Umgebung des Verstorbenen. Die Eltern oder Geschwister berichteten dem Pfarrer, daß ihr Kind, ihr Bruder oder ihre Schwester an dieser oder jener ‚Krankheit' oder an einem ‚Unfall' gestorben sei. Dabei beschrieben sie, was sie als Laien beobachtet hatten: ‚hohes Fieber' zum Beispiel, ‚Durchfall', ‚schweren Husten' oder ‚Atemnot'. Es sind lauter Symptome, die hier angegeben wurden, nicht Ursachen. Wen wundert es, daß der Pfarrer anschließend die meisten Sterbefälle von Säuglingen und Kleinkindern einfach in der Rubrik „Unbekannte Kinderkrankheiten" (im Original: „Okänd Barnsjuka") eintrug? Anders verhielt es sich bei den Pocken. Diese seuchenbildende Infektionskrankheit konnte damals auch von jedem Laien leicht erkannt und richtig diagnostiziert werden. Sie trat nicht nur in regelmäßigen Abständen von fünf bis sieben Jahren bei Säuglingen und Kleinkindern auf, sondern sie führte bei den Erkrankten auch zu jenem typischen Ausschlag, der die Überlebenden ihr Leben lang zeichnete. Der Ausdruck ‚pockennarbig' ist uns noch heute geläufig.

Eine weitere Rubrik, die praktisch ebenfalls nur Säuglingssterbefälle enthielt, hieß im schwedischen Original „Qväfde af Ammor eller Mördrar", auf deutsch „erdrückt von ihren Ammen oder Müttern". Damit waren jene nicht seltenen Fälle gemeint, in denen ein Säugling von seiner Mutter oder einer Amme mit ins Bett genommen wurde und er aus Unachtsamkeit in den Kissen erstickte. 1763 ereignete sich in Lohja allerdings kein solcher Fall, zumindest findet sich keiner eingetragen. Um solchen ‚unnötigen' Säuglingssterbefällen vorzubeugen, empfahl das Collegium Medicum in seiner Broschüre (im § 22), eine Art ‚Backtrog' zu zimmern, in den der Säugling gelegt werden sollte. Anschließend könnte man ihn unbesorgt ins Erwachsenenbett mitnehmen. Dieser ‚Backtrog' wird als „Wiege ohne Füße, aber mit erhöhten Seitenwänden" beschrieben.

Ähnlich wie bei den ‚Pocken' hätte auch diese Todesursache im Prinzip leicht richtig diagnostiziert werden können. ‚Im Prinzip' – denn welche Mutter oder welche Amme wollte einen solchen ‚Unfall' schon zugeben und sich damit selbst anklagen und schuldig sprechen? Der registrierende Pfarrer war sowieso nicht dabei gewesen, und es hätte ja leicht ebenso gut zum Beispiel ‚ein hohes Fieber' sein können. Abgesehen von dieser Verschleierungstaktik weiß der Historiker aus vielfältigen anderen Quellen, daß Mütter oder Ammen damals bei dieser Todesursache nicht selten etwas ‚nachhalfen'. Es handelte sich um eine Art ‚nachträglicher Familienplanung', die etwa dann zum Zuge kommen konnte, wenn nach seinerzeitigem Dafürhalten bereits zu viele Esser am Tisch saßen.

Doch kehren wir zu den ‚unbekannten Kinderkrankheiten' zurück. 1763 waren in Lohja nicht weniger als 125 von insgesamt 175 Verstorbenen im ersten Lebensjahr unter der Rubrik „Okänd Barnsjuka" eingetragen. Es spricht für den Realitätssinn jenes Mannes, der das Todesursachen-Formular entworfen hatte, daß er hier gar nicht erst den Versuch unternahm, ‚exaktere' Todesursachen-Angaben einzuführen oder von den registrierenden Pfarrern zu erhalten. Für Abraham Bäck (1713 bis 1795) wäre es ein leichtes gewesen, ein gelehrtes Latein für die Diagnostik zu verwenden. Er war promovierter Doktor der Medizin. Doch verzichtete er wohlweislich darauf. Die Laien, auf deren Angaben die Rapporte letztlich beruhten, hätten seine Sprache weder verstanden noch gesprochen. So paradox es klingen mag: auf diese ‚nicht exakte' Weise war ein getreueres Spiegelbild des Sterbegeschehens zu erhalten, als wenn die Zentrale in Stockholm eine ‚genauere' Erfassung angestrebt hätte.

Ebenso pragmatisch und folgerichtig ging das Collegium Medicum vor. Studieren wir die Aufklärungsbroschüre genau, stellen wir fest, daß die verschiedenen Paragraphen in erster Linie auf eine Senkung eben dieser ‚unbekannten Kinderkrankheiten' abzielten. Um das zu erreichen, war auch gar keine ‚medizinische Diagnostik' notwendig. Aufschlußreich ist generell, daß sich die oberste Gesundheitsbehörde nicht nur an die Mütter wandte, sondern – wie schon aus dem Titel hervorgeht – an die

Eltern. Ausdrücklich werden auch die Väter in die Pflicht genommen. Vor allem müßten sie die Frauen und Mütter während der Schwangerschaft, insbesondere den ersten fünf Monaten, in jeder nur denkbaren Weise unterstützen. Frauen hätten sich dann zu schonen. Sie dürften keine schweren Lasten tragen und auch gefühlsmäßig nicht erregt werden. Nur so könne die zu hohe Zahl von Fehl- und Frühgeburten gesenkt werden. Dieselbe Unterstützung müsse ihnen während der ganzen Stillzeit zuteil werden (§§ 4–10).

Unmißverständlich faßt es der letzte Paragraph nochmals zusammen: „Was wir hier über die Pflichten und Verantwortung der Mütter gesagt haben, betrifft im übrigen auch die Väter. Kommt es zu Versäumnissen in der Säuglingspflege, ist das oft ihre Schuld. Denn sie haben es unterlassen, ihre Frauen bei der Ausübung ihrer Mutterpflichten in jeder nur denkbaren Weise zu unterstützen. Noch mehr beladen sie ihr Gewissen, wenn sie jene von der Ausübung ihrer Pflichten abhalten, nur damit sie anderen Arbeiten nachgehen. Diesen Pflichten uneingeschränkt nachzukommen, ist nicht nur die christliche und natürliche Aufgabe aller Eltern, sondern es geschieht auch zum größten Nutzen des ganzen Reiches“ (§ 23).

Es spricht für die Einsicht des Collegium Medicum in die Mentalität der schwedischen Bevölkerung, daß es die am Ende des zitierten Paragraphen durchschimmernde merkantilistische Absicht nirgendwo in den Vordergrund rückte. Welche Bauersleute hätten sich damals schon motivieren lassen, an einer Senkung der in den Augen des Collegium zu hohen Säuglingssterblichkeit mitzuwirken oder für eine bessere körperliche Entwicklung ihrer Kinder zu sorgen, nur weil „eine große und gesunde Bevölkerung der größte Reichtum eines Staates“ sei, oder weil dadurch „eine höchstmögliche Produktivität erreicht“ werden könnte, oder weil dies eben „zum größten Nutzen des ganzen Reiches“ geschähe? Vielmehr wurde an das Verantwortungsbewußtsein der Eltern appelliert und sie, wiederum schon im Titel, an ihre Christenpflicht erinnert. Hiervon erhoffte man sich eine weitaus stärkere Motivierung und somit größeren Erfolg. Angesichts nicht vorhandender Ärzte auf dem Lande, geschweige denn der Möglichkeit, ein Krankenhaus aufzusuchen, war es die bei weitem zeiteffektivste Vorbeugemaßnahme. Die zugrunde liegenden merkantilistischen Absichten konnten im übrigen durchaus dieselben bleiben.

Britta setzte ihre Lektüre fort und las: „Eine Mutter, die ihre von Gott und der Natur übertragenen Pflichten versäumt und so zum vorzeitigen Tod eines Säuglings beiträgt, hat dereinst vor Gottes Richterstuhl ein strenges Urteil zu erwarten" (§ 2). Zu diesen von der Natur übertragenen Pflichten gehöre in erster Linie – das Collegium wurde nicht müde, dies immer und immer wieder zu betonen – die Pflicht des langen und umsichtigen Stillens. Hier müßten sich manche Mütter, die doch von Gott mit Menschenverstand ausgerüstet seien, vor den Tieren schämen (§ 3). Dies träfe vor allem dann zu, wenn sie das Stillen bloß „aus Bequemlichkeit" vernachläßigten (§ 1). Keine Mutter solle mit dem Stillen aufhören, bevor ihr Kind nicht die ersten Zähne bekommen habe (§ 15). Nur im äußersten Notfall dürfe eine Amme ins Haus geholt werden (nicht umgekehrt, also nie das Kind zu einer Amme weggeben; § 16). Nur wer sich eine Amme nicht leisten könne, dem solle erlaubt sein, den Säugling mit erwärmter frischer Kuhmilch zu ernähren. Dies werde am besten jedes Mal neu gemacht, damit das Kind nicht aufgrund von sauer gewordener Milch Durchfall bekomme (§ 17).

Beim ‚Fläschchen' – einem über der Wiege aufgehängten Kuhhorn mit angebohrter lappenumwickelter Saugöffnung – müsse sorgfältig darauf geachtet werden, daß es mindestens einmal pro Tag gereinigt werde. Sonst würde sich leicht Ungeziefer darin sammeln (§ 20).

Mit zunehmendem Alter könne dann etwas Brot – nicht Mehl beigemischt werden (§ 18) Jeder Säugling solle von Anfang an daran gewöhnt werden, seine Mahlzeiten regelmäßig zu bekommen. Sechs bis acht Mal pro Tag wären ausreichend (§ 20). Ein eigener Paragraph (§ 21) betont schließlich die Wichtigkeit auch der übrigen Körperpflege beim Säugling. Vor allem müsse er jedesmal neu gewickelt werden, wenn sich das als notwendig erweise. Man dürfe ihn nie naß und verschmiert liegen lassen.

Britta wurde nachdenklich. Sie begann sich zu fragen, weshalb wohl drei ihrer eigenen Geschwister so früh gestorben waren? Eines verschied schon am dritten Tag nach der Geburt, ein zweites in der dritten Woche. Sie konnte sich nicht daran erinnern, jemals gesehen zu haben, daß diese Kleinen gestillt worden waren. Dazu hätte die Mutter auch gar keine Zeit gehabt. Beide Säuglinge waren im Frühherbst zur Welt gekommen. Zu diesem Zeitpunkt im Jahr aber mußte die Mutter stets beim Aufräumen der Felder mithelfen. Ein paar Mal hatte sie Britta aufgetragen, zu Hause auf die Kleinen aufpassen und ihnen, wenn sie schrien, das ‚Fläschchen' zu geben. Oft war die Milch darin geronnen gewesen. An der Spitze des aufgehängten Kuhhorns hatte es nur so von Fliegen und anderem Ungeziefer gewimmelt. Jetzt nahm sich Britta vor, dies gründlich anders zu machen, wenn sie bald eigene Kinder haben würde. Sie wollte alles in ihren Kräften Stehende tun, um ihnen einen vorzeitigen Tod zu ersparen. Es schauderte sie ob des Gedankens, sonst Schuld auf sich zu laden und dereinst vor Gottes Richterstuhl dafür verantwortlich gemacht zu werden. Erik *mußte* ihr dabei helfen. So stand es deutlich und wiederholt im Büchlein, schwarz auf weiß.

Nachdem Britta ihrem Bräutigam an manchen Wintertagen beim Buchstabierenlernen geholfen hatte und er in seinem Katechismus, wenn auch noch mit Mühe, nun Silben und Wörter zusammensetzen konnte, nahm sie eines Tages ihr neues Büchlein mit. Erik sollte ihr daraus vorlesen. Als erstes hielt sie ihm das Titelblatt unter die Augen. Während Britta ihren Zeigefinger von Wort zu Wort gleiten ließ, buchstabierte Erik: „Über die not-wendige Pflege und Be-handlung von kleinen Kindern, so wie sie allen christ-lichen El-tern als Pflicht obliegt". Ähnlich wie es der Pfarrer jeweils beim Hausverhör tat, wollte auch sie von ihm anschließend wissen, ob er das Gelesene tatsächlich verstanden hatte. So mußte er ihr den Titel mit eigenen Worten wiedergeben.

Dann übte sie mit Erik auch noch den Schlußabschnitt des Büchleins. Wieder wies sie mit dem Finger auf jedes einzelne Wort, gerade so, als ob sie es auf diese Weise unterstreichen wollte. Erik las: „Was wir hier über die Pflich-ten und Ver-antwortung der Mütter ge-sagt haben, be-trifft im übri-gen auch die Vä-ter. Kommt es zu Ver-säum-nis-sen in der Säug-lingspflege, ist das oft ihre Schuld. Denn sie haben es un-ter-lassen, ihre Frau-en bei der Aus-übung ihrer Mutter-pflich-ten in jeder nur denk-baren Weise zu un-ter-stützen. Noch mehr be-laden sie ihr Ge-wis-sen, wenn sie jene von der Aus-übung ih-rer Pflich-ten ab-hal-ten, nur da-mit sie an-de-ren Ar-bei-ten nachgehen". Und wieder mußte Erik ihr erklären, was er da soeben gelesen hatte, zweimal, dreimal.

Als der Pfarrer beim nächsten Verhörsrundgang erneut auf dem Hof von Eriks Eltern erschien, bestand auch er die Prüfung – in beiden Teilen. Er hatte inzwischen lesen *und* verstehen gelernt – und zwar nicht nur den Katechismus und das Psalmenbuch! Britta hatte ihm beides beigebracht. So notierte der Pfarrer in der einen wie in der anderen Rubrik: „Erik Eriksson – 27 Jahre – kann – kann". Nun durften sie heiraten. Britta hatte in jenem Jahr beim Verhör übrigens die Noten „sehr gut" für Lesen und „ausgezeichnet" für Verstehen erhalten.

Wie wir uns erinnern, hatte das Collegium Medicum die Aufklärungsbroschüre 1755 erstmals publiziert. Damals war merkantilistisches Gedankengut auch in Schweden an sich schon seit vielen Jahrzehnten verbreitet. Allerdings erfuhr es in den 1720er Jahren gewaltigen neuen Auftrieb. Das skandinavische Königreich hatte durch die schweren Niederlagen im Großen Nordischen Krieg (1700–1719/21) seine Großmachtstellung eingebüßt und suchte nach neuen Ressourcen. Dabei griff es die merkantilistische Idee vom ‚Bevölkerungsreichtum' als der Grundlage für einen neuen Wohlstand begierig auf. Zuwanderung, Heiraten, hohe Kinderzahlen wurden auf jede nur denkbare Weise gefördert. Umgekehrt sahen sich Auswanderungswillige als Vaterlandsverräter gebrandmarkt und Ledigbleibende mit einer ‚Hagestolzen-Steuer' belegt.

Eine völlig neue Basis ergab sich dann durch die seit 1749 vom Statistischen Zentralbüro landesweit durchgeführten exakten Erhebungen. Von da an genügte ein Blick auf die von ‚überall zusammenströmenden Berichte', um die Obrigkeit alsbald davon zu überzeugen, daß es gar nicht eigentlich zu wenig Heiraten gab (jeder Pfarrer mußte melden, wieviele Ehen in seiner Gemeinde jeweils im abgelaufenen Jahr geschlossen und wieviele durch den Tod aufgelöst wurden), und daß nicht eigentlich die Geburtenzahlen zu niedrig waren. Vielmehr verhielt es sich so, daß von den in diesen Ehen geborenen Kindern zu viele zu früh starben. Wenn wir nochmals im Dekanat Lohja nachsehen, so entfielen 1763 tatsächlich 387 von insgesamt 663 Todesfällen auf Kinder unter zehn Jahren (= 58,4%), und hierbei nochmals 175 auf Säuglinge unter einem Jahr (= 26,4% aller Sterbefälle).

Für die Obrigkeit war nach dieser Erkenntnis mit Händen zu greifen, daß *hier* etwas geschehen mußte. *Hier* lohnte es sich, einen gezielten Vorstoß zu unternehmen. Wer aber kam in erster Linie in Frage, etwas gegen die hohe Sterblichkeit unter Säuglingen und Kindern zu tun, wenn nicht deren Eltern? Ärzte gab es auf dem Lande nicht, Zugang zu Krankenhausbetten erst recht nicht. Doch *Lesen* konnten die Leute inzwischen, zu einhundert Prozent, auch die Frauen, die Mütter. Es will uns wie Schuppen von den Augen fallen!

Mit etwas gesundem Menschenverstand und einiger Einsicht in die damalige bäuerliche Mentalität war eigentlich klar, auf welche Weise zu handeln war. Form wie Inhalt der Broschüre drängten sich geradezu auf. In der richtigen Erkenntnis, daß *Frauen* überall und zu allen Zeiten im Zentrum jeder Gesundheitserziehung standen, richtete sich das Büchlein in erster Linie an sie. Es gab lange Abschnitte über das korrekte Stillen, den allfälligen Ersatz von Muttermilch, den Übergang zu fester Nahrung, die Säuglingspflege, die Hygiene. Ferner gab es Hinweise, wie Fehl- und Frühgeburten vermieden werden könnten, wie bei Durchfall von Kindern verfahren werden sollte. Nur nebenbei geschah dies alles zum ‚größten Nutzen des Staates'. In erster Linie, so wurde das Collegium Medicum nicht müde zu betonen, handele es sich um eine von der Natur und von Gott auferlegte Pflicht.

Eine Pflicht allerdings nicht nur für die Mütter, sondern ebenso für die Väter. Auch hier ließ man sich von der richtigen Erkenntnis leiten, daß eine hohe Sterblichkeit unter Säuglingen sowie ungewöhnlich häufige Früh- und Totgeburten sehr viel mit einer Mehrfachbelastung von Frauen und Müttern zu tun hatten. Zu Schwangerschaft und Geburt kam bei ihnen damals die Säuglings- und Kinderpflege, kam die Besorgung eines Haushaltes, kam die Mithilfe im Stall und auf dem Feld. Wenn das Collegium Medicum den Frauen und Müttern nun in einem dieser Bereiche – dem der Säuglings- und Kinderpflege – zusätzliche Leistungen abverlangte, dann mußte auf den anderen Gebieten gleichzeitig abgebaut und eine spürbare Entlastung vorgenommen werden. Versäumte man dies oder schenkte dem Aspekt zu wenig Beachtung, konnte das Ergebnis leicht das Gegenteil dessen sein, was man eigentlich anstrebte. So war es nur natürlich, daß die Männer und Väter verstärkt in die Pflicht genommen wurden. Sie sollten ihren Frauen während der Schwangerschaft, im Wochenbett und während der Stillzeit dort behiflich sein, wo sie konnten – wenn also schon nicht beim Stillen, so doch bei den übrigen, in jener arbeitsteiligen Welt normalerweise Frauen vorbehaltenen Tätigkeiten in Feld und Stall, im Haushalt und Garten.

Britta hatte Erik lesen und verstehen gelehrt. In beidem war sie ihm überlegen. Nach der Heirat brauchte sie das zwar nicht immer wieder laut zu sagen, doch hatten ihre gestiegene Selbstsicherheit und ihre Selbständigkeit in Haus und Hof, bei der Regelung von Familien- und Haushaltsangelegenheiten einen sehr realen Grund. Jeder Leser kann sich selbst ausmalen, wie oft sie wohl – wenn es darauf ankam – auch in der Ehe das Büchlein hervorholte und Erik wieder einmal unter die Nase hielt. Mit ihrem Finger mochte sie dabei erneut auf jedes Wort einzeln gezeigt haben, so als ob sie damit unterstreichen wollte: Pflicht und Verantwortung tragen auch die Väter.

Im Jahre 1755 betrug die Säuglingssterblichkeit in ganz Schweden (ohne Finnland) 22,5 Prozent. Im Durchschnitt der fünf Jahre 1756–60 lag sie bei 20,3 Prozent, 1776–80 bei 19,2 und nach der Jahrhundertwende 1801–1805 noch bei 18,6 Prozent. Es waren jene Jahrzehnte eines allmählichen Rückgangs der Säuglingssterblichkeit, in denen Britta und Erik ihre Kinder hatten und großzogen.

Obwohl diese Geschichte, wie die anderen vier auch, in Europa spielt und obwohl sie zweihundert Jahre zurückliegt, kann man hier am Ende doch kaum anders, als an jene Gebiete auf der Welt zu denken, wo die Säuglingssterblichkeit noch heute annähernd Werte erreicht, von denen wir für Schweden in der zweiten Hälfte des 18. Jahrhunderts hörten. Entwicklungsländer zählen in aller Regel nicht zu den wohlhabenden Ländern. Sie müssen sich besonders sorgfältig überlegen, wo und wie sie ihre spärlichen Mittel am besten einsetzen. Ohne ihnen hier ein allgemeingültiges Rezept vorlegen zu wollen – Ursachen und Veränderungsmechanismen sind vielfältig und in den einzelnen Ländern oft ganz unterschiedlich unter- und miteinanderverwoben –, können aus der europäischen Geschichte doch zwei wichtige Einsichten festgehalten werden. Zum einen lernten bei uns die Bewohnerschaften selbst armer Länder ohne großen Finanzaufwand zu hundert Prozent lesen. Zum andern spielten die hierbei auch von Frauen und Müttern erworbenen neuen Lesekenntnisse bei der Senkung der Säuglingssterblichkeit und damit verbunden der Zunahme der allgemeinen Lebenserwartung eine ganz zentrale Rolle.

Und noch ein Punkt will mir nicht aus dem Kopf. In Schweden war es die Kirche gewesen, die vor einem Vierteljahrtausend dem ganzen Volk etwas außergewöhnlich Kostbares vermittelt hatte: Lesekenntnisse. Was vermittelt die Kirche heute? Ließe sich nicht denken, daß sie aufgrund eines Studiums ihrer eigenen Geschichte erneut zu einer zeitgemäßen Aufgabe finden und auch heute wiederum vielen etwas Kostbares vermitteln könnte? Dies braucht nicht ‚Religion' im engeren Sinn zu sein; es war dies damals in Schweden auch nicht. Kann sich die Kirche dazu durchringen? Viele warten darauf, warten auf eine Sinnstiftung in ihrem Leben.

5. Zürich, 1988

Es war in der letzten Woche vor Weihnachten. An der Universität Zürich ging der Lehrbetrieb für 1988 seinem Ende entgegen. Auf Einladung des Instituts für Soziologie sollte ich am Dienstag Nachmittag noch einen Gastvortrag über ein frei gewähltes Thema aus meiner Forschung halten. Da die Vorlesung öffentlich angekündigt war und sie außerdem im Hauptgebäude der Universität stattfand, konnte ich davon ausgehen, daß die unterschiedlichsten Leute teilnehmen würden.

Ich überlegte mir lange, was die Zuhörer wohl am ehesten interessieren könnte. Nachmittags um zwei Uhr und zudem so kurz vor Weihnachten mußte es schon etwas Spannendes sein, sonst würde mancher Zuhörer bestimmt vorzeitig aufbrechen. Allzu leicht könnte dem einen oder anderen einfallen, daß er noch nicht alle Weihnachtseinkäufe erledigt hätte. So entschloß ich mich, *nicht* vorzu*lesen*, sondern mit den Zuhörern in einem freien Vortrag zu *reden*. Die wichtigsten Ergebnisse würde ich in Form von Diapositiven an die Wand projizieren.

Eines meiner Forschungsgebiete betrifft seit Jahren die Säuglingssterblichkeit in historischer Zeit. Heute sind Todesfälle von Säuglingen bei uns selten. Wenn unseren Kleinsten einmal etwas fehlt, stehen hervorragend ausgebildete Kinderärzte, in schweren Fällen zudem Spezialkliniken zur Verfügung. Das Leben von Säuglingen scheint bei uns nicht mehr bedroht. ‚Früher' war das anders. Ich konnte davon ausgehen, daß die meisten Hörer zumindest schon einmal etwas hiervon vernommen hatten. Außerdem wäre vielen von ihnen wahrscheinlich bekannt, daß sich dies auch heute in weniger entwickelten Ländern noch immer ‚anders' verhielte. Was zur Sprache käme, würde somit nicht nur historisches Interesse verdienen, sondern auch noch Relevanz in unseren Tagen haben. An diese ‚Vorkenntnisse' wollte ich anknüpfen.

Im Vortrag erläuterte ich eingangs kurz, wie ich überhaupt zu meinen Forschungsergebnissen komme. Seit mehr als einem Dutzend Jahren werte ich mit einer Arbeitsgruppe die Kirchenbücher von Dutzenden von Pfarreien in Deutschland aus. Die frühesten Angaben stammen aus dem 16., die neuesten aus unserem eigenen Jahrhundert. Inzwischen sind viele Zehntausende von Geburts- und Sterbedaten im Computer gespeichert. Für den Rechner ist es anschließend kein Problem, aufgrund dieser Datenbanken die Säuglingssterblichkeit für die eine oder andere Kirchengemeinde in diesem oder jenem Jahr oder Jahrzehnt auf Punkt und Komma auszurechnen.

Über derlei allgemeine Forschungsergebnisse wollte ich allerdings gerade *nicht* reden. Es ging mir weniger darum zu erläutern, weshalb bei uns ‚die' Säuglingssterblichkeit im 18. Jahrhundert rund fünfundzwanzig Prozent betragen habe – was nichts anderes bedeutete, als daß damals eines von vier Neugeborenen vor Ablauf seines ersten Lebensjahres verstarb. Ähnliche Werte liegen heute noch für Länder der Dritten und Vierten Welt vor. So ungeheuerlich solche Zahlen auf uns nunmehr auch wirken mögen, so war ich bei meinen Forschungen doch auf etwas noch viel Aufregenderes gestoßen. *Davon* wollte ich in Zürich in erster Linie berichten.

Gewiß, der Computer lügt nicht, wenn er uns eine Säuglingssterblichkeit von ‚fünfundzwanzig Prozent' anzeigt. Und doch hat er wiederum auch nicht recht. Er gab uns bloß die Antwort auf unsere Frage. Und die war schlecht gestellt. Schauen wir nämlich in diesem oder jenem untersuchten Dorf vor zwei- oder dreihundert Jahren genauer nach, und zwar bei jeder Familie *einzeln*, dann ergibt sich ein ganz anderes Bild. In fast der Hälfte aller Familien verstarb überhaupt kein Säugling. Sie hatten eine Säuglingssterblichkeit von *null*. Umgekehrt verstarben in anderen Familien sehr viele, manche sogar alle Säuglinge. Hier konnte die Sterblichkeit *bis zu hundert* Prozent erreichen. In der historischen Demographie nennen wir diese Familien Hochrisiko-Familien.

Burgeli aus unserer ersten Geschichte war Mutter in einer solchen Hochrisiko-Familie. Sie und ihr Mann Walter hatten acht Kinder, doch alle waren schon wenige Tage nach der Geburt verstorben. Die Säuglingssterblichkeit lag in jener ‚Familie' somit bei *einhundert* Prozent. Wenn ich in Zürich nun ausführlich auf diese Geschichte zu sprechen kommen wollte, so deshalb, weil sie für die Zürcher eine besondere Bewandtnis haben mußte oder sie dies gemäß meinen Vortragsabsichten zumindest bekommen sollte. Die Naterser ‚Madonna mit Kind' befindet sich nämlich seit langem nicht mehr in der Kirche von Naters, sondern ist seit 1904 im Schweizerischen Landesmuseum in Zürich aufgestellt.

Wenn es mir also weniger darum ging, die Zuhörer mit seinerzeitigen Durchschnittswerten vertraut zu machen als vielmehr mit ehemaligen Alltagswirklichkeiten, und ich sie darüber hinaus zum Nachdenken darüber bringen wollte, weshalb denn unsere Vorfahren trotz ihren ständigen Widerwärtigkeiten nicht dauernd dem Verzweifeln nahe waren, dann mußte mir dies am ehesten dadurch gelingen, daß ich ihnen die Geschichte eben einer solchen Hochrisiko-Familie möglichst anschaulich erzählte und gleichzeitig, unter Bezugnahme auf die Naterser Madonna in ihrem Landesmuseum, eine jener Anlaufstellen vorführte, die damals Trost und Stabilität vermitteln konnten.

Da die Leser dieses Bändchens die erste Geschichte bereits kennen, genügt es hier, in Erinnerung zu rufen, auf welche Weise sich uns die Naterser Madonna heute präsentiert und wieviel Mühe, aber auch wieviel Freude es schließlich macht, ihr in neuer Umgebung und in neuer Zeit eine Funktion zurückzugeben. Genauso wie die Zuhörer sollen die Leser aufgrund der Lektüre von erster *und* fünfter Geschichte dazu angeregt werden, zwei Dinge gleichzeitig zu tun, nämlich die Madonna von Naters mit historischen *und* mit heutigen Augen zu sehen. Dadurch geben wir ihr nicht nur einen Teil ihrer einstigen, uns mittlerweile abhanden gekommenen Funktion zurück, sondern sie gewinnt auch eine neue *Bedeutung*. Sie kann uns wieder etwas *bedeuten – hier und heute*.

An jenem Dienstag im Dezember 1988 war ich schon früh in Zürich eingetroffen. Um Punkt zehn Uhr erhielt ich Einlaß ins Landesmuseum. Es liegt gleich hinter dem Hauptbahnhof. Ich war der erste Besucher an jenem Tag, und ich blieb es auch lange. Vorweihnacht ist eine ideale Zeit für Museumsbesuche. Inmitten allen Trubels findet man hier eine Oase der Ruhe. In Zürich wähnt man sich unendlich weit von der Bahnhofsstraße entfernt, obwohl es in Wirklichkeit nur ein paar Minuten bis dort sind.

So hatte ich denn an jenem Dienstagmorgen die Madonna aus Naters eine ganze Weile für mich allein. Wie Burgeli seinerzeit stand ich nun vor ihr, vielleicht ebenso andächtig. Allerdings mußte ich mich nicht zu ihr niederbeugen, denn heute steht die Muttergottes auf einem Podest in Augenhöhe. Doch selbst so schaut sie noch immer niemanden an. Inzwischen ist sie ringsum durch Glas geschützt. Es war mir, als benötige sie diesen Schutz auch. Nicht etwa deswegen, weil ich sie sonst angefaßt hätte. Schutz benötigt die Madonna, weil sie erbarmungslos von verschiedenen raffiniert an der Decke angebrachten Spotlights angestrahlt und ausgeleuchtet wird. Ihre schielenden Augen sind jedem Begaffer preisgegeben. Kein natürliches Dämmerlicht einer Kirche hüllt sie und ihr Kind mehr ein. Auch muß sie sich mit Konkurrenz abfinden, denn in der Mittelalter-Abteilung des Landesmuseums ist sie bei weitem nicht die einzige Statue. Links und rechts stehen zahlreiche andere Figuren und Gruppen, größere und kleinere, schönere und weniger schöne, ältere und jüngere. Sie sind im Ausstellungsraum suggestiv so angeordnet, daß der Besucher von einer Statue zur anderen geht und sie alle miteinander vergleicht. Die gezeigten Gegenstände müssen sich das gefallen lassen. Bei der großen Konkurrenz bleibt auch nicht viel Zeit für jedes einzelne Stück.

Im Gegensatz zu Erik in der vierten Geschichte hatte ich spätestens mit acht oder neun Jahren lesen und mit elf oder zwölf in der Schule ‚verstehen' gelernt. Es war somit nur natürlich, daß ich mich durch Lektüre bereits in Berlin auf den Besuch im Zürcher Museum vorbereitet hatte. Nicht nur gibt es in unseren Bibliotheken reichlich Literatur zum Thema, sondern ich hatte darüber hinaus das Landesmuseum mehrere Monate vor meiner Reise angeschrieben und um detaillierte Auskünfte über die Ankaufsmodalitäten, über allfällige Restaurierungsarbeiten sowie um photographische Aufnahmen gebeten. So kam es, daß ich an jenem Dienstagmorgen eine ganze Reihe von Notizen in der Tasche hatte.

Zum Ankauf von ‚LM 7203' – so der Museumskode für die Naterser Madonna – erfuhr ich vom zuständigen Konservator mit Brief vom 26. Juli 1988: „Ihre Anfrage vom 18. Juli 1988 betreffend die Ankaufsumstände unserer Madonna von Naters kann ich nicht besser beantworten als mit den Angaben, die unser Hauptinventar liefert. Die Naterser Madonna wurde im ersten Quartal 1904 von der Kirchgemeinde Naters, Wallis angekauft, zusammen mit einem Altar und einem Himmelfahrtschristus aus dem Anfang des 16. Jahrhunderts. Aus den Akten der eidgenössischen Landesmuseums-Kommission gehen dazu nur wenig ergänzende Angaben hervor. Über die aus Naters angebotenen Objekte, besonders den Altar des frühen 16. Jahrhunderts, befand die Kommission Ende 1903. Eine zuvor gemachte Offerte des Museums wurde von einem Berner Antiquar überboten, worauf der Kirchenrat von Naters es vorzog, zum höheren Preis die Stücke dem Landesmuseum zu verkaufen. Der Ankaufsbeschluß wurde von der Kommission am 3./4. Dezember 1903 in Anbetracht der bemerkenswerten Qualität der Gruppe gefaßt. Weitere Angaben zur Sache kann ich aus den hier zur Verfügung stehenden Akten nicht gewinnen" (Wüthrich 1988).

Vor der Naterser Madonna stehend, schaute ich nun abwechselnd bald auf meine mitgebrachten Notizen, bald auf die Statue. Ich inspizierte sie von allen Seiten. Dazu las ich auf einem der Zettel: „Thronende Muttergottes, Nußbaumholzfigur, romanisch, erstes Viertel des 13. Jahrhunderts, Höhe 96 cm, Rückseite einschließlich Kopf abgeflacht und von den Schultern an gehöhlt. Rechter Vorderarm Mariae und ganzer rechter Arm Christi fehlen; ursprünglich angedübelt. Größere Teile am Thron unten links und hinten rechts beschädigt. Linke Fußspitze des Kindes und Spitze des linken Zeigefingers der Maria weggebrochen. An den Köpfen Spuren späterer Abarbeitung. Nasenspitze der Muttergottes ergänzt. – Marienfigur ursprünglich sicher gekrönt. Zapfen auf ihrem Kopf als Rest der abgearbeiteten Krone zu deuten. Die Existenz einer Krone beim Kind nicht so sicher, aber möglich. Drei Holzdübel auf der Kopfmitte und seitlich in Augenhöhe wohl zwecks Befestigung eines Strahlennimbus in späterer Zeit. Heutige Fassung aus dem 18. Jahrhundert. Die damals am Sockel angebrachte Inschrift „Mater Dei [mem]ent[o]" zum Teil erloschen. Insgesamt freie Variante des Hodegetriatypus. Reifste Spätromanik im Übergang zur Frühgotik".

„Freie Variante des *Hodegetriatypus*"?

Es war nicht das erste Mal, daß mir bei der Vorbereitung auf den Museumsbesuch dieser sowie weitere unbekannte Fachausdrücke begegneten. Als ich zum Beispiel in der „Kunstgeschichte der Schweiz" nachschlug, hieß es dort über diese Muttergottes aus Naters, sie gehöre zu einer „dritten Gruppe, mit Elementen der Nikopoia und der Hodegetria" vermischt (Reinle-Gantner 1936/1968, 475). „*Nikopoia*"? „*dritte Gruppe*"? Die Hinweise stachelten meine Neugierde derart an, daß ich mich entschloß, gründliche Belehrung zu suchen. Das war in Berlin nicht schwer. Nur wenige Minuten vom Institut entfernt, in dem ich arbeite, befindet sich die Skulpturengalerie der Staatlichen Museen Preußischer Kulturbesitz. Wie es sich für solche Sammlungen von Weltruf gehört, wird jede Abteilung von hervorragenden Fachleuten betreut. In Berlin hatte ich zudem das Glück, daß sowohl der Direktor dieser Galerie wie auch der Leiter der Frühchristlich-Byzantischen Unterabteilung offensichtlich Gefallen an meinen – wiewohl sehr laienhaften – Fragen fanden. Zwei prominente Schaustücke in ihren Sammlungen hatten mir seit langem in die Augen gestochen. Zu ihnen wollte ich nun gerne fachmännische Belehrung erhalten. Nach mehreren Gesprächen zuerst unter vier und unter sechs Augen fanden sich beide sogar bereit, je eine Sitzung im Rahmen meiner über mehrere Semester laufenden Lehrveranstaltung ‚Historiker schauen Kunstwerke an' vor diesen Originalen zu übernehmen.

Beide Berliner Exponate betreffen eine ‚Madonna mit Kind'. Bei der ersten – derjenigen in der Frühchristlich-Byzantinischen Abteilung – hatte ich schon vorher auf einer angebrachten

Legende lesen können: „Feierlich thronende Madonna, sogenannte Nikopoia, mit frontal auf ihrem Schoße sitzenden Kind. Christus mit Schriftrolle und Segensgestus als Lehrer und Heiland dargestellt. Konstantinopel, Mitte 6. Jahrhundert. Elfenbeinrelief, Höhe 29 cm, Breite 12,7 cm".

Die zweite Madonna, ein allein schon wegen ihrer Größe von fast zwei Metern überhaupt nicht zu übersehendes Glanzstück der Sammlungen, ist – wiederum laut nebenstehendem Text – die „Muttergottes des Presbyter Martinus. Thronende Madonna als ‚Sedes Sapientiae'. Mittelitalien, 1199. Pappelholz, ursprüngliche Fassung, an den Köpfen, Händen und Füßen 1963 bis 65 freigelegt, das übrige gereinigt. Höhe 184 cm, Breite 54 cm. Fortleben des streng frontalen Nikopoia-Typus. Das Kind, das Maria mitten auf dem Schoße hält und dem Betrachter zeigt, hielt in der erhobenen Rechten ein Zepter; in der Linken trägt es den ‚Apfel', der als ‚Globus' Zeichen der Weltherrschaft Christi ist und als ‚Frucht' zugleich Symbol seiner ‚Fleischnahme' aus Maria. Das mächtige, einer Kugelkalotte ähnlich gestaltete Kopftuch Mariens ist Sinnbild des Himmelsgewölbes. Die Löwen unter dem Fußbrett des Thrones bezeichnen diesen, wie auch Maria selbst, als ‚Thron Salomons' (Löwenthron), den ‚Sitz der Weisheit".

Im Anschluß an seine mündlichen Ausführungen drückte mir der Direktor der Galerie noch einige schriftliche Erläuterungen zu den beiden Madonnen in die Hand, die er vor einiger Zeit veröffentlicht hatte. Darin war unter anderem zu lesen: „Der Typus der feierlich thronenden Madonna mit dem frontal auf ihrem Schoße sitzenden Kind, wie ihn das Elfenbeinrelief vorführt, entspricht einem in Konstantinopel hochverehrten Marienbild, der sogenannten Nikopoia, zu deutsch der ‚Siegbringerin'. Schon unter Kaiser Justinian (gestorben 565), in der Entstehungszeit des Berliner Reliefs also, wird von diesem Gnadenbild berichtet. Es begleitete die Kaiser und Feldherren auf ihren Kriegszügen und galt als Vermittler des Sieges. Nach der Eroberung Konstantinopels durch die Kreuzfahrer im Jahre 1204 gelangte es als Kriegsbeute nach Venedig, wo es noch heute in der Markuskirche Verehrung genießt.

Neben dieser Darstellung der Thronenden kannte die byzantinische Kunst einen zweiten und offenbar häufiger verwendeten Bildtypus, nämlich die sogenannte Hodegetria. Der Name geht auf die Hodegos-Kirche in Konstantinopel zurück, ein Gotteshaus an der Straße der Wegführer, das heißt der Begleiter der Reisenden, weshalb sich der Begriff auch auf die dort verehrte Muttergottes als eine ‚Wegführerin' übertrug. Das Urbild wurde mit einem vom Evangelisten Lukas gemalten Marienbild in Zusammenhang gebracht, das einst eine byzantinische Kaiserin aus Jerusalem nach Konstantinopel gesandt haben soll und das dann an die genannte Kirche gelangte. Es zeigte Maria mit dem segnenden Kind auf dem linken Arm, die Rechte auf die Brust gelegt. Das Urbild ist nicht mehr erhalten, doch folgen zahlreiche byzantinische Madonnen der nachikonoklastischen Zeit, das heißt nach dem 843 beendeten Bilderstreit, diesem Typus.

Die beiden genannten Schöpfungen, Nikopoia und Hodegetria, waren es, die im wesentlichen auch das abendländische Bild der Muttergottes prägten: die thronende Madonna der Romanik und die stehende der Gotik. Der Typus der Nikopoia ist im Abendland seit dem 10. Jahrhundert nachweisbar. In einer Anverwandlung von höchstem Rang lebt der Typus der Nikopoia in der sogenannten Muttergottes des Presbyter Martinus fort. Auf einem kostbar geschmückten Pfostenthron sitzt die lebensgroße Marienfigur in feierlicher, durch die Vergoldung der Gewandung noch erhöhter Strenge. Aus dem byzantinischen Maphorion ist eine Kappe geworden, deren abstrakte Kugelform ein schmales Gesicht bekrönt, aus dem starr die Augen in die Ferne blicken. Feinteiliger gefältet breitet sich ein Schleier über die Schultern. In tiefen Höhlungen bauscht sich der Mantel über den Unterarm. Kaum wahrnehmbar ist der Knabe aus der Bildachse gerückt, die Rechte segnend hochgereckt, in der Linken Apfel oder Weltkugel haltend. Schräg fällt sein Mantel über die linke Schulter und läuft in einer Diagonale über das rechte Knie hinab. Konstrastreich löst sich das Kind in Gebärde und Gewandung von aller Regelmäßigkeit und entfaltet sich zu freier Individualität"(Bloch 1984, 6–11, 53; vgl. auch Bloch

1961 und Bloch 1970. – Professor Dr. Peter Bloch, *1925, ist Direktor der Berlin-Dahlemer Skulpturen-Galerie).

Abgesehen von Bloch hatte ich noch eine ganze Reihe weiterer Autoren studiert und Auszüge aus ihren Publikationen angefertigt. Ich brauchte in Zürich nun nur einen Blick auf die Zettel zu werfen, um mir deren Inhalt wieder in Erinnerung zu rufen. So hatte Herbert Beck Vergleiche mit Bildwerken des Mittelalters im ‚Liebieghaus-Museum alter Plastik' in Frankfurt angestellt (Beck 1980). Bei Enzo Carli orientierte ich mich über italienische Holzskulpturen des 12. bis 16. Jahrhunderts (Carli 1960). Victor H. Elberns Ausstellungskatalog behandelte das Thema ‚Christus und Maria. Menschensohn und Gottesmutter' (Elbern 1980). Ilene H. Forsyth widmete sich den hölzernen Madonnen im romanischen Frankreich (Forsyth 1972). Géza de Francovich schrieb einen langen Aufsatz über eine romanische Schule von Holzschnitzern in Mittelitalien (Francovich 1937). Frank Jürgensen deutete formale Sachverhalte an frühchristlich-byzantinischen Elfenbeinschnitzereien (Jürgensen 1972). Die Studien von Victor Lasareff betrafen die Ikonographie der Jungfrau Maria (Lasareff 1938). Helmut Roth schrieb über Kunst und Kunsthandwerk im frühen Mittelalter anhand archäologischer Zeugnisse (Roth 1986). E. Sauser stellte theologische und kunstgeschichtliche Überlegungen zum Bilde der Gottesmutter von der frühchristlichen bis zur romanischen Zeit an (Sauser 1971). Gertrud Schiller und Klaus Wessel widmeten sich der Ikonographie Marias im Rahmen der christlichen Kunst (Schiller-Wessel 1980).

Marialogische Fragen wie zum Beispiel die ‚Geschichte der Marienfrömmigkeit' oder die ‚Entwicklung der Mariendarstellung seit dem Konzil von Ephesus 431' hatte ich auch anhand des Werkes von Heinrich und Margarethe Schmidt studiert (Schmidt 1981). Frauke Steenbock zog Vergleiche mit dem kirchlichen Prachteinband im Frühen Mittelalter (Steenbock 1965). Wolfgang Fritz Volbach ließ sich über Elfenbeinarbeiten der Spätantike und des Frühen Mittelalters aus (Volbach 1976). Im Ausstellungskatalog von Kurt Weitzmann schließlich war viel Wissenswertes über die Entwicklung der christlichen Kunst vom dritten bis zum siebten Jahrhundert zu erfahren (Weitzmann 1979).

Es liegt mir fern, hier Einzelheiten aus dieser Zettelsammlung auszubreiten. Worum es mir soeben ging, war vielmehr, anhand einiger Titel thematisch aufzuzeigen, wozu uns ‚lesen und verstehen' heute befähigen können. Beides vermag unser Interesse ungeheuer anzustacheln und zu beflügeln, und zwar lange bevor wir die Originale jemals zu Gesicht bekommen oder ihnen gegenüber gestanden hätten. Prachtbände enthalten Hochglanz-Aufnahmen in Farbe. Sie bringen Vergrößerungen und zeigen Details, auf die wir am Original kaum achten würden oder die wir gar nicht beachten könnten, weil uns eine strenge Aufsicht nie so nah an das Kunstwerk herantreten ließe, wie dies den Museumsfotografen mit ihren Makro- oder Teleobjektiven gestattet wird.

Doch nun *stand* ich vor dem Original, befand mich Aug' in Aug' mit jener „Thronenden Muttergottes, 1904 aus der Kirche von Naters im Oberwallis erworben", die für die einen Fachleute eine freie „Variante des Hodegetriatypus" war, für andere dagegen zu einer „dritten Gruppe, mit Elementen der Nikopoia und der Hodegetria vermischt" gehörte. Da sich die Madonna aus Naters nicht mehr an ihrem ursprünglichen Standort befindet, sondern seit fast einem Jahrhundert gemeinsam mit weiteren Madonnen im Landesmuseum in Zürich, war die Versuchung groß, mich im Ausstellungsraum nach anderen Beispielen umzusehen und sie miteinander zu vergleichen – dies gewiß ganz entgegen den ursprünglichen Absichten ihrer Schöpfer und Auftraggeber, aber wohl völlig in Übereinstimmung mit den Konzepten unserer heutigen Museumspädagogen. Wie von selbst drängte sich mir die Frage auf, ob es denn in Zürich wirklich kein ‚besseres', kein ‚reineres' Beispiel einer Nikopoia gäbe? Auch ertappte ich mich dabei, wie ich nach einer ‚schöneren' Muttergottes Ausschau hielt, nach einer, die zumindest nicht schielte wie das ‚Exemplar' aus Naters?

Es dauerte nicht lange, bis ich fündig wurde. Nur wenige Meter entfernt stand eine andere ‚Muttergottes mit Kind'. Auch sie hatte man auf ein Podest in Augenhöhe gehievt. Dort war sie

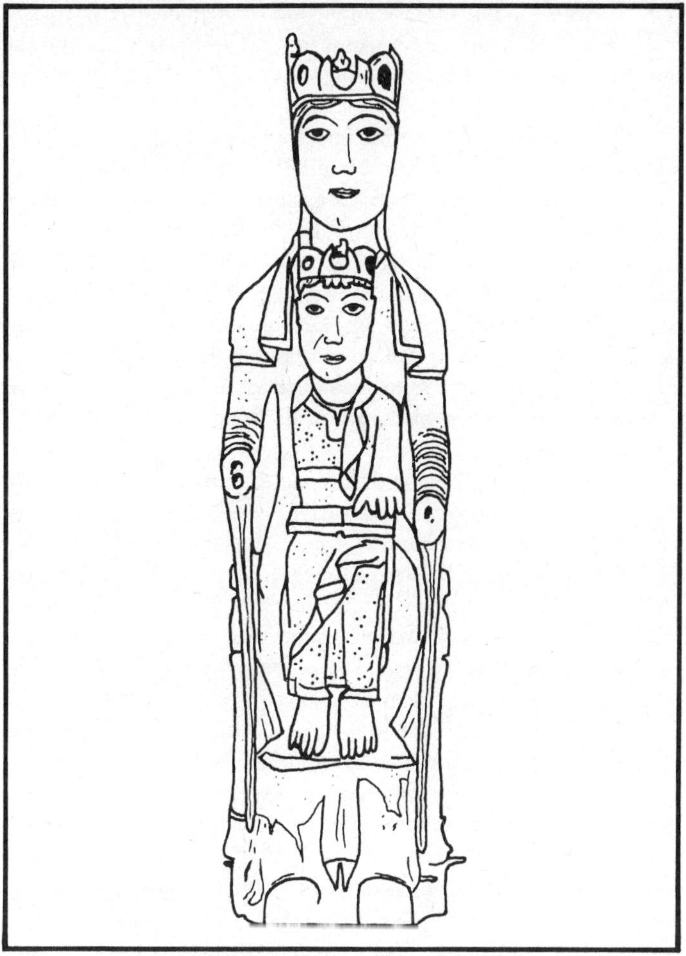

Abb. 27: Thronende Muttergottes mit Kind.
Romanische Madonna aus Raron, Kanton Wallis, um 1150.

nun meiner eingehenden Betrachtung schutzlos preisgegeben. Auch sie kam aus dem Wallis, und zwar aus Raron (Abb. 27). Diese Pfarrei liegt keine zwanzig Kilometer von Naters entfernt rhoneabwärts in Richtung Genfer See. Mancher Leser wird sich beim Namen Raron daran erinnern, daß an dessen Burgkirche der österreichische Dichter Rainer Maria Rilke (1875–1926) begraben liegt.

Erneut blätterte ich in meinen Notizzetteln. Als erstes stieß ich auf den Museumsbericht zum Ankauf der Statue: „Die Madonna aus dem Beinhaus von Raron erwarb das Landesmuseum zusammen mit sechs weiteren Figuren vom Pfarramt Raron. Die sieben Objekte lagen der Landesmuseums-Kommission am 17. 9. 1924 als Offerten des dortigen Kirchenrats vor. Sie beschloß den Ankauf. Am 18. 12. 1924 stellte das Erziehungsdepartement des Kantons Wallis an das Landesmuseum das Gesuch, die Figuren als Depositen dem Museum von Valeria zu überlassen. Die Kommission beschloß am 30. April/1. Mai 1925, ‚um den guten Willen der Landesmuseumsbehörden unter Beweis zu stellen', zwei Figuren als Depositen dem Museum von Valeria zur Verfügung zu stellen, wofür das Erziehungsdepartement mit Schreiben vom 17. 9. 1925 dankte. Die beiden Figuren sind meines Wissens immer noch in Sitten" (Wüthrich 1988).

Außerdem war dem Museumsinventar unter der Erwerbsnummer ‚LM 16545' folgendes zu entnehmen: „Romanische Madonna aus Raron, Kanton Wallis. Thronende Maria mit Kind, um 1150. Vollplastische Figur aus Lindenholz, Höhe 90 cm, im Rücken der Marienfigur eine rechteckige Höhlung. Es fehlen die ursprünglich angedübelten Hände der Maria und der rechte Arm des Kindes, ebenso die Glasflüsse in den Kronen und im Schmuckstück der Maria. Die Kronen, die Zehen des Kindes und die Sockelplatte des Thrones beschädigt, ebenso die alte Fassung. Die Fußspitzen der Marienfigur und der vordere Rand der Fußbank senkrecht weggeschnitten. Streng frontal und symmetrisch komponierte Holzplastik. Als Königin thront Maria unnahbar mit dem ihr an Gestalt und Ausdruck ähnlichen jungen Königskinde."

Auch hatte ich mich im Handbuch zur ‚Kunstgeschichte der Schweiz' über diese Rarner Madonna schon zum voraus kundig gemacht: „In extremster blockhafter Erstarrung thront die gekrönte Himmelskönigin mit ihrem gekrönten Sohn auf einem vierbeinigen Sitz. Die walzenhaften Körper, auf denen die analog geformten großen maskenhaften Häupter ruhen, lassen gleichsam noch den Baumstamm erahnen, aus dem sie gehauen sind. Die Assoziation zur Holzplastik, zu Idolen und Bildsäulen fremder Völker ist hier durchaus erlaubt. Die Madonna von Raron macht deutlich, daß gerade in der romanischen Holzplastik eine primitive Schicht – die aber höchste Ausdruckskraft wie hier erreichen kann – von der souveränen Kunst der gleichen Zeit zu unterscheiden ist. Seltsam wirkt in diesem Ensemble ein so modisches Detail wie die Ärmel, welche dem Arm hautnah anliegen, aber vorn sich so weit öffnen, daß sie bis zum Boden fallen. Leider fehlen die zur vollständigen Wirkung nötigen Hände der Madonna und allfällige Attribute. Der junge Christkönig hält die Linke auf das Buch, das auf seinen Knien liegt, die Rechte war wohl segnend erhoben" (Reinle-Gantner 1936/1968, 472–473).

Wieso aber steht diese Statue heute nicht mehr dort, wo sie einst stand? Wieso erfüllt sie nicht länger ihren ursprünglichen Zweck in der Kirche von Raron, sondern ist zu einem Museumsstück geworden? Ich hatte den Aufsatz von Hans Lehmann über „Raron und einige seiner Altertümer aus dem Mittelalter im Schweizerischen Landesmuseum" in Kopie bei mir und las: „Als im Frühling 1924 die durchgreifenden Restaurationen der spätgotischen Kirche in Raron auch auf das unter dem Kirchenchore gelegene, flach eingedeckte Beinhaus ausgedehnt wurden, was die vorübergehende Entfernung eines Berges von Schädeln und Knochen notwendig machte, fand man unter diesen eine Gruppe von zum Teil höchst altertümlichen Holz- und Steinbildwerken. Ganz zu Beginn des 16. Jahrhunderts war ein Kirchen-Neubau notwendig geworden. Obwohl schon im Jahre 1512 vollendet, wurde er erst 1514 geweiht. Während die neue Kirche ihre Glieder immer kühner in den blauen Walliser Himmel hinaufreckte, wurde das alte Gotteshaus bis auf den Turm abgebrochen, vielleicht um für seinen Nachfolger einen Teil des Baumaterials zu liefern. Aber auch die alten Altäre und Heiligenbilder sollten in dem neuen, schöneren Gebäude die Harmonie seines Innenschmuckes, den man ihm in Chor und Schiff so reich an Werken der Skulptur und Malerei angedeihen ließ, als es die Mittel der Kirchgenossen gestatteten und so schön, als es erreichbare Künstler zu erstellen vermochten, nicht stören. Andere Altäre und Heiligenbilder waren vermutlich im Laufe der Zeiten infolge der verheerenden Naturereignisse schon so schadhaft geworden, daß man sie des schützenden Mantels religiöser Verehrung entkleidete und damit der Willkür roher Menschen preisgab. Davon zeugen an einigen der erhalten gebliebenen Holzplastiken die Spuren gewaltsamer Zerstörung noch deutlich.

Da scheint es, als ob sich fromme Kirchgenossen ihrer noch in letzter Stunde erinnerten und ihrer Dankbarkeit für alles Gute, das die an sie gerichteten Gebete Generationen vermittelt hatten, durch ihre Rettung vor völligem Untergange Ausdruck verliehen. Denn bei der Anlage eines neuen Beinhauses unter dem Chore der Kirche, wohin man wahrscheinlich die schon vorhandenen Gebeine Verstorbener aus dem alten pietätvoll verbrachte, schuf man ihnen unter diesen ein sicheres Versteck an geweihter Stätte. Hier lagen sie, der Welt verborgen, mehr als vierhundert Jahre, bis die Renovationsarbeiten, welche das inzwischen alt gewordene Gotteshaus neuem Glanze entgegenführen sollten, sich auch auf diesen weltverlorenen Winkel ausdehnten und sie dadurch ihrer Verborgenheit für immer entzogen" (Lehmann 1924, 56–79).

Zusätzlich fündig wurde ich in den „Beiträgen zur Kunstgeschichte Rarons im Mittelalter" von Alfred Schmid, wo er zugleich auch eine kunsthistorische Wertung und Einordnung vornahm: „Im Frühling 1924, anläßlich der letzten Kirchenrenovation, sind im Beinhaus von Raron, das kryptenähnlich unter dem Chor der Pfarrkirche liegt, hinter der Schädelwand sieben mittelalterliche Bildwerke zum Vorschein gekommen; ein Kruzifix, fünf Marienstatuen und ein Apostel. Drei davon, der Gekreuzigte und zwei thronende Marien mit dem Kind auf dem Schoß, sind hochmittelalterlich, die übrigen gehören dem 13. und 14. Jahrhundert an. Alle sieben wurden damals vom Schweizerischen Landesmuseum angekauft, das seinerseits zwei davon, eine stehende Madonna und die Apostelstatue, dem Walliser Kantonsmuseum in Sitten als Dauerleihgabe überließ.

Unter den drei romanischen Bildwerken nimmt die thronende Muttergottes unzweifelhaft den ersten Rang ein. In ihr ist uns eines der bedeutendsten Marienbilder der Schweiz überhaupt erhalten geblieben, und die Forschung hat sich immer wieder mit ihr beschäftigt. Die Muttergottes, vollplastisch aus Lindenholz geschnitzt, ist 89 cm hoch. In strenger Frontalität sitzt sie steil aufgerichtet auf einem lehnenlosen, doch mit einem dünnen Kissen belegten Thron, das Kind vor sich auf dem Schoß haltend. Die Arme sind abgewinkelt und ab Brusthöhe vom Leib gelöst, aber körperparallel geführt, die Unterarme leicht fallend. Sie umfassen das Kind, das sich in starrer Achsengebundenheit auf den Knien der Mutter hält, und grenzen zusammen mit dem Oberkörper gleichsam einen bergenden Raum ein: Maria als Sitz der menschgewordenen göttlichen Weisheit.

Die Hände und Füße Mariens wie auch der ganze rechte Arm Jesu sind verloren. Die Linke des Kindes ruht mit gestrecktem Zeigefinger auf einem Buch, das aufgeschlagen auf seinen Knien liegt, die Rechte wird man sich im Segensgestus erhoben denken dürfen; die Füßchen hängen leicht nach unten. Maria ist in ein enganliegendes, bis auf die Füße fallendes Untergewand und ein etwa wadenlanges, seitlich geschlitztes, ungegürtetes Obergewand gekleidet, dessen lange Ärmel sich am Handgelenk so stark erweitern, daß sie fast den Boden erreichen. Der Eindruck eines lebendigen Thrones, den die feierlich sitzende Frauengestalt in uns wachruft, wird dadurch nicht unwesentlich verstärkt. Über der Brust befand sich einst ein Stein, vielleicht ein gemugelter Bergkristall, dessen flache Höhlung sich erhalten hat. Über dem vom Scheitel seitwärts gestrichenen Haar, das die Ohren verdeckend in lockeren Flechten nach hinten fällt, wird der Ansatz eines Kopftuches sichtbar. Es legt sich in streng symmetrischer Anordnung und regelmäßigen Falten über die beiden Schultern und den Rücken. Unmittelbar darüber sitzt die aus acht Platten gefügte Krone, auch sie einst mit Steinen verziert, zu deren Aufnahme jede einzelne Platte eine flache Vertiefung zeigt.

Das Kind hält sich analog zur Mutter. Auch seine Beine und Füße sind streng parallel geführt. Über einem fußlangen Unterkleid mit symmetrischer Anordnung der Falten trägt es einen Mantel, der über beide Schultern gelegt und unter dem rechten Arm durchgezogen ist; von der linken Schulter und vom linken Knie an verläuft der Saum abgetreppt nach unten. Im Gegensatz zur Mutter, der er im übrigen bis in die Einzelheiten der Gesichtszüge ähnelt, hat der Jesusknabe das Haar kurz geschnitten und in die Stirn gestrichen; die hochsitzenden Ohren stehen frei. Darüber sitzt auch hier eine achteckige Plattenkrone, die wie jene der Mutter einst mit Steinen verziert war. Mutter und Kind zeigen ein wenig differenziertes, aber ebenmäßig geformtes Gesicht. Es ist durch ein großes Kinn mit einem Grübchen zwischen kräftig gebildeten Laden, volle aber ziemlich flach geschwungene Wangen mit wenig betonten Jochbeinen und eine lange, gerade Nase mit breiter, kaum eingesenkter Wurzel und relativ breitem Rücken, aber knapp geformten Flügeln charakterisiert. Die niedrige Stirn flieht leicht zurück. Dicht unter dem langen, flach geschwungenen, beim Kind ganz leicht hochgezogenen Brauen sitzen zwei mandelförmige Augen mit vorgewölbtem Oberlid. Der heute unheimlich starr wirkende Blick ist allerdings ein Ergebnis der jüngeren Fassung, und erste Freilegungsproben der darunter befindlichen romanischen Polychromie lassen auf eine ursprünglich lebendigere Formulierung schließen. Der eher dünnlippige, geschlossene Mund ist leicht geschürzt und an den Enden etwas abgewinkelt. Der in beiden Gesichtern zur Anwendung gelangte Kanon läßt eine deutliche Unterscheidung der Geschlechter nicht zu; sie wird mit sekundären Merkmalen – das sichtbare Ohr, das kürzere Haar, die kaum spürbare Differenzierung der Brauen, vor allem natürlich die Unterschiede in der Kleidung – bewerkstelligt. Das Kind hat im übrigen, abgesehen von seinem kleineren Wuchs, nichts Kindhaftes an sich: es ist ein kleiner Erwachsener, wie immer in der romanischen Kunst in ernster Gefaßtheit seiner Würde als Weltherrscher und Welterlöser bewußt.

Diese Würde, die feierliche Haltung und der strenge Parallelismus von Mutter und Kind machen die Gruppe von Raron zum Inbegriff eines romanischen Madonnenbildes. Es vertritt den seit dem 6. Jahrhundert faßbaren Typ der sogenannten Nikopoia, der siegbringenden Muttergottes, der, frühbyzantinischen Ursprungs, sich im abendländischen Hochmittelalter in einer Vielzahl von Varianten durchgesetzt hat. Das Kind sitzt dabei frontal vor der Mutter, bald im Schoß, bald auf dem linken – selten auf dem rechten – und bald auf beiden Knien. Meist hält die Mutter es mit einer oder beiden Händen. Das Kind seinerseits hat die Rechte zumeist im Segensgestus erhoben, während die Linke das Buch – meist geschlossen, seltener nach vorn geöffnet und aufs Knie gestellt – vor der Brust hält. Hier, wo es frei auf dem Schoß der Mutter thront und das Buch aufgeschlagen auf den Knieen liegt, nähert sich die Vorstellung der sogenannten Kathedra-Madonna, wie sie uns namentlich in italienischen Bildwerken des 13. Jahrhunderts begegnet.

Mutter und Kind thronen in unnahbarer Erhabenheit. Auch der lehrende Knabe wendet sich nicht unmittelbar an den vor ihm knienden Gläubigen. Sein Wort und seine Weisung gelten gleichsam der ganzen Menschheit. Noch wird nicht unser Gefühl, unser sinnliches Mitempfinden aufgerufen wie später beim Andachtsbild, in dem die Menschlichkeit Christi, die Rolle Mariens als Mutter und Braut Gestalt gewinnen werden. Hier liegt ein Kultbild vor, das, auf den Altar gestellt, sich den Blicken der Gläubigen darbot, abstraktes Zeichen mehr denn ein der sinnlich erfahrbaren Wirklichkeit nachgestaltetes Bild. Die Rarner Muttergottes weist rückseitig eine rechteckige Höhlung für das Einlegen von Reliquien auf. Sie gehört somit ihrem Wesen nach noch ganz in den Kreis jener sakralen Bildwerke des Hochmittelalters, über deren kultische Funktion, so evident sie ist, wir doch im Grunde noch recht wenig wissen" (Schmid 1972, 91 bis 95).

Am ausführlichsten aber handelte Brigitta Schmedding in ihrem Buch ‚Romanische Madonnen der Schweiz' über unsere Madonna: „Maria sitzt streng frontal auf einem lehnenlosen Thron. Sie trägt über einem langen Unterkleid ein eng anliegendes, etwas kürzeres gürtelloses Obergewand, dessen lange Ärmel sich am Handgelenk derart erweitern, daß sie bis zu den

Füßen herunterreichen. An den Seiten ist das Obergewand vom unteren Saum her geschlitzt, die Ecken sind nach vorn umgeschlagen. Am Hals schloß ein großes rundes Schmuckstück das Obergewand. Über Kopf und Schultern ist ein Schleiertuch gelegt, das auf den Oberarmen waagerecht abschließt, die Brust aber freiläßt. Vor dem Tuch wird an Stirn und Schläfen das in der Mitte gescheitelte Haar sichtbar. Über dem Tuch trägt Maria eine Krone, zusammengesetzt aus Platten, die oben abwechselnd halbrund und giebelförmig abschließen und ehemals kleinere Glaseinlagen in der gleichen Form trugen. Die Arme Mariens reichen in etwas unterschiedlicher Höhe gerade nach vorn und sind ganz frei vom Körper gearbeitet. Das Kind sitzt streng frontal mitten auf dem Schoß der Mutter. Es trägt über einem langen Kleid ein Manteltuch, das nach Palliumart um den Körper gelegt ist. Seine Haare sind über den Schläfen kurz geschnitten und lassen die großen Ohren frei, im Nacken enden sie gerade. Über der Stirn kommen unter der Krone drei Löckchen hervor. Auf den Knien des Kindes liegt ein aufgeschlagenes Buch, auf welches es mit ausgestrecktem linken Zeigefinger weist. Sein rechter Arm war wohl segnend erhoben. Das Kind trägt die gleiche Krone wie die Mutter. Der Thron besteht aus einer dünnen Sitzplatte, die von vier oktogonalen Pfeilerchen mit Kelchblockkapitellen und Basen von der gleichen Grundform, aber auf dem Kopf stehend, getragen wird. Auf den Kapitellen aufliegend bilden vier große Würfel, deren Seiten mit je einem eingeritzten Andreaskreuz verziert sind, die Ecken der Sitzplatte. Über den Ecken ragt je ein kleiner Polyederknauf auf kleinem zylindrischen Fuß empor. Die Sitzfläche ist mit einem dünnen Kissen belegt. Der ganze Sitz steht auf einer Sockelplatte, die sich nach vorn verlängert zu einer ehemals halbrund abgeschlossenen Standfläche für die Füße.

Der überaus strenge Aufbau der Gruppe ist verantwortlich für den altertümlichen Charakter der Holzskulptur. Die Gruppe ist ganz auf Frontalität und Symmetrie hin angelegt. Einzig die Arme der Marienfigur bilden eine Ausnahme. Diese leichte Differenzierung der Armhaltung ist charakteristisch für viele Madonnendarstellungen des 12. Jahrhunderts. Die Gruppe aus

Raron schließt sich auch durch andere Merkmale an die Madonnenskulpturen des 12. Jahrhunderts an. Ihre fast vollplastische Ausführung, ihr pfahlhafter, schlanker Oberkörper, ihre Kleidung (das eng anliegende Obergewand mit den weiten Ärmelöffnungen), die sorgfältig gelegten Zickzackfalten der Säume, das dreiteilig-symmetrische Faltenschema vor den Unterschenkeln (bogenförmige Hängefalten vor diesen, gerahmt und in der Mitte getrennt durch senkrechte Faltenzüge), die unten in einer Öse endenden senkrechten Röhrenfalten – alle diese Einzelheiten sind Allgemeingut der Schnitzer und Bildhauer des 12. Jahrhunderts und überall anzutreffen. Auch bei den schweizerischen Madonnen waren sie zu beobachten. Bei der Statue aus dem Wallis fällt aber die übergroße Zierlichkeit des Körperbaues von Mutter und Kind auf. Unter den großen Köpfen wirken sie viel zu schmal, fast kindlich. Die vom Körper frei gearbeiteten Arme betonen noch diese Zierlichkeit. Auch die sich durch den Stoff abzeichenden Kniee und Unterschenkel sind überzart gebildet. Es fällt auf, wie klar die Gelenkstellen an Armen und Beinen und an der Hüfte herausgearbeitet sind, so daß die Figuren fast wie Gliederpuppen wirken. Dies verrät ein Verständnis für die Funktion von Gelenken. Vergleicht man den Gewandstil und das Verhältnis von Körper und Gewand der Rarner Madonna mit den früher besprochenen Madonnenstatuen, so wird die Fortschrittlichkeit der Walliser Statue deutlich. Die wellige Überrieselung der Unterschenkel mit nach unten hängenden Bögen bedeutet nicht nur eine subtile, qualitätvolle Oberflächengestaltung, sondern ist auch ein Zeichen dafür, daß der Stoff des Gewandes sich vom Körper zu lösen beginnt und leise zu fließen scheint, was von keiner der vorhergehenden Madonnen gesagt werden konnte“ (Schmedding 1974, 26–29).

In seinen „Beiträgen zur Kunstgeschichte Rarons im Mittelalter“ hatte uns Alfred Schmid weiter oben schon darauf hingewiesen, daß bei der Kirchenrenovation 1924 noch eine zweite thronende Madonna aus dem Hochmittelalter im Beinhaus gefunden und anschließend ins Landesmuseum nach Zürich gekommen sei. Dort befindet sie sich heute in Sehweite der ersten. Allerdings ist sie viel kleiner. Sie mißt nur 58 Zentimeter. Als

Entstehungszeit wird „um 1200“ angenommen (gemäß der Eintragung des Museums zur Inventar-Nummer LM 16544). Auch über diese Muttergottes konnte ich mich bei Brigitta Schmedding kundig machen: „Maria sitzt streng frontal auf einem lehnenlosen Kastenthron. Sie trägt ein langes Unterkleid und ein etwas kürzeres, ungegürtetes Obergewand mit mäßig weiten Ärmelöffnungen. Um Kopf und Hals ist ein schalartiges Tuch geschlungen, dessen eines Ende vorn auf die Brust, das andere auf den Rücken fällt. Vor dem Tuch wird über der Stirn und an den Schläfen das in der Mitte gescheitelte, gleichmäßig gesträhnte Haar sichtbar. Marias Rechte reichte frei nach vorn, ihre Linke ist seitlich leicht gegen das Kind gelegt. Dieses sitzt in strengster Frontalhaltung auf dem linken Bein der Mutter. Es trägt ein langes Kleid, dessen hinterer Saum bogenförmig hinter den Füßen sichtbar wird, und einen Mantel, der auf der rechten Schulter geschlossen ist. Sein nackenlanges Haar endet in einer Lockenwelle. Der rechte Arm des Kindes reicht durch den Mantelschlitz nach vorn. Seine linke Hand ist gegen das auf seinen Knien liegende, aufgeschlagene Buch gelegt. Der einfache Kastenthron ist ohne jede Gliederung.

Die Gruppe ist praktisch ein Relief, trotz der ausgearbeiteten Rückseite. Aus dem Brett des Holzes sind nur die Köpfe und Oberkörper herausgeholt, letztere ihrerseits wieder bretthaft flach. Die Unterschenkelpartie der Marienfigur bleibt tatsächlich ein Brett, in welches die Füße und der Kleidersaum Mariens nur hineingeschnitzt sind. Auch die Beine des Kindes hängen nur in ganz flachem Relief vor den Unterschenkeln der Mutter. Die strenge Wirkung der Gruppe geht aus von der starren Frontalität, von der Parallelität der Armhaltungen und von den stilisierten Gesichtern, in denen die Augenpartie, der Mund und die Nase in ausgeprägten rechten Winkeln zueinander stehen. Die Gesichtsbildung beruht auf geometrischen Formen. Die Augen sind liegende Ovale, die Nase ein dreiseitiges Prisma. Diese Tendenz zur Stilisierung zeigt sich auch in den nur eingeritzten Schal-Enden auf Brust und Rücken. Es hat etwas Gespreiztes an sich, wie sie sich unten zangenförmig öffnen, als würden sie bewegt“ (Schmedding 1974, 31–32).

‚Naterser Madonna', ‚große Rarner Madonna', ‚kleine Rarner Madonna', ‚Nikopoia', ‚Hodegetria': wer sich mitten in einer solchen Zurschaustellung befindet und dazu noch den ganzen Kopf voll hat von gelehrten Beschreibungen und erläuternden Kommentaren, von Museumsberichten und ausliegenden Führungsblättern kann an Ort und Stelle eigentlich gar nicht anders, als immer wieder von einem Ausstellungsstück zum andern zu gehen, sie anhand dieser Kunstkonsum-Gebrauchsanweisungen nochmals von allen Seiten genau zu betrachten und sie in verschiedenster Hinsicht mit- und untereinander zu vergleichen. Dies betrifft die zu Beginn vielleicht auffälligsten Unterschiede in der Sitz-Anordnung des Kindes ebenso wie anschließend die Marienkleidung oder auch die Attribute bei Mutter und Kind: den Apfel, das Zepter, das Buch oder die Rolle. Es betrifft ferner die Ausgestaltung der Kronen oder den Sitz der Madonna. Einmal mehr erwiesen sich schon bei der Vorbereitung auf den Museumsbesuch wie auch jetzt in Gegenwart der Originale jene Notizen als besonders hilfreich, die ich aufgrund von Schmeddings systematischer Abhandlung angefertigt hatte (Schmedding 1974, hier vor allem ihre beiden großen Kapitel über die „Ikonographie der Madonnenstatuen", 63–88, und „Die stilgeschichtliche Entwicklung der Madonnenstatuen", 89–123. Wie es der Titel ihres Buches „Romanische Madonnen der Schweiz. Holzskulpturen des 12. und 13. Jahrhunderts" verspricht, hatte Schmedding dabei nicht nur die Naterser und die beiden Rarner Madonnen des Landesmuseums im Auge, sondern die rund zwei Dutzend erhaltenen Exemplare in der Schweiz überhaupt).

Kräftig rot angestrichen hatte ich mir in den Notizen allerdings die abschließenden Sätze ihrer Zusammenfassung. Sie stachen mir nun erneut in die Augen. Ich las: „Die hier aufgezeigte Linie der stilistischen Entwicklung entspricht im großen und ganzen der Entwicklung der europäischen Skulptur im allgemeinen und wäre ohne die Einwirkungen der damals stilbildenden Länder, Deutschlands und vor allem Frankreichs gar nicht denkbar. Der größere Teil der schweizerischen Madonnenstatuen freilich entzieht sich durch seine geringe Qualität einer eindeutigen Einordnung in die stilgeschichtliche Entwicklung, oder erschwert sie zumindest. Mißverstandene Motive, Stilisierungen, Reduktionen, handwerklich derbe Ausführung und ein langes Festhalten an altertümlichen Motiven charakterisieren vor allem die Bildwerke aus der Wende des 12. zum 13. Jahrhundert. Dies besagt freilich nichts über ihren Wert als Kultbilder. Vor der Statue von hoher Qualität werden die Menschen nicht andachtsvoller als vor dem einfachen, dörflichen Schnitzwerk gekniet haben, um die Gottesmutter um Fürsprache bei ihrem göttlichen Sohn anzuflehen" (Schmedding 1974, 126).

Der Schluß-Satz der gesamten tiefschürfenden Studie von Schmedding wirkte wie eine Erlösung. Außerdem holte er mich in die Wirklichkeit zurück. Wieso eigentlich war ich an diesem Morgen ins Landesmuseum gegangen? Doch wohl um der Vorbereitung und Einstimmung auf meinen Gastvortrag am selben Nachmittag an der Universität willen! Und der handelte von Hochrisiko-Familien in Europa in historischer Zeit und davon, wie die betroffenen Väter und Mütter trotz allem damals nicht jeden Halt im Leben verloren. Ich las den Satz wieder und wieder: „Dies besagt freilich nichts über ihren Wert als Kultbilder. Vor der Statue von hoher Qualität werden die Menschen nicht andachtsvoller als vor dem einfachen, dörflichen Schnitzwerk gekniet haben, um die Gottesmutter um Fürsprache bei ihrem göttlichen Sohn anzuflehen."

Es war höchste Zeit, mich in die Cafeteria des Museums zurückzuziehen und all das Gesehene und hier vor dem Leser Ausgebreitete in Ruhe zu überdenken. Im Mittelaltersaal – in dem sich die Madonnenstatuen befinden – war ich soeben auf dem besten Weg gewesen, vor lauter Bäumen den Wald nicht mehr zu sehen, vor lauter Gelehrtheit ganz und gar aus den Augen zu verlieren, weshalb es überhaupt eine ‚Naterser' und eine ‚Rarner' und viele andere ‚Madonnen mit Kind' gab. Weder um der Kunsthistoriker, noch um der Museumsbesucher willen!

Beim zweiten doppelten Espresso ertappte ich mich dabei, wie ich gedankenverloren unter meinen Exzerpten blätterte. Eine weitere rot eingerahmte Stelle ließ mich innehalten. Es war eine kurze Passage aus einem neueren Werk von Louis Carlen (* Brig 1929), dem gegenwärtig wohl prominentesten Kulturhistoriker des Kanton Wallis.

In seiner Einleitung zur „Kultur des Wallis im Mittelalter“ schrieb er: „In diesem Wallis lebt und lebte der Mensch und hat in seinen Leistungen einen Überschuß geschaffen über das, was zum baren Leben erforderlich ist: Kultur, die jedoch jederzeit eng mit den elementaren Lebensbedingungen verknüpft bleibt“ (Carlen 1981, 5).

Der letzte Rest Kaffee war kalt geworden, als ich mich schließlich erhob. Das lange Nachdenken hatte gut getan und mich zur Räson gebracht. Die pure Zettelgelehrtheit ruhte wieder dort, wo sie hingehörte: in der verschlossenen Aktentasche. Ich fühlte mich gewappnet für den Gastvortrag und dafür, mit den Zuhörern zu *reden*.

Im Anschluß an den Vortrag nahm ich noch am selben Abend das Flugzeug zurück nach Berlin. Der Nonstop-Flug, den es seit einigen Jahren gibt, dauert nur eine gute Stunde. Bevor der Abendimbiß serviert wurde, schaute ich – am Fenster sitzend – hinab auf die kleiner und kleiner werdende Zürcher Landschaft. Es waren Blicke, die unsere Vorfahren so nie hatten. Was sie meist mühsam suchen mußten und auch wir heute immer wieder mühsam suchen müssen, wurde mir hier geschenkt: Überblick. Ich genoß dieses Sehen mehr als die belegten Brötchen, die bald vor mir auf dem heruntergeklappten Tischchen lagen. Sie blieben lange unausgepackt.

Nachdem auch Kaffee und Tee gereicht worden waren, lehnte ich mich im Flugzeugsitz zurück und schloß die Augen. Nochmals tauchte die Naterser Madonna vor mir auf, und alsbald auch diejenige aus Raron. Es ging mir wieder durch den Kopf, was ich den Hörern während des Vortrags gezeigt und erzählt hatte: einerseits das historisch-demographische Phänomen der Hochrisiko-Familien und andererseits die Geschichte von Burgeli aus Naters samt ihrem Besuch in der Sankt Mauritius-Pfarrkirche. Auch von meinem eigenen Besuch im Landesmuseum berichtete ich, und von meinem Bemühen, dort das eine mit dem anderen wieder in Beziehung zu setzen.

Da wir in Berlin direkt aus dem Ausland kamen, mußten wir unsere Personalausweise vorzeigen. Meist warf der Beamte nur einen Blick darauf und nickte mit dem Kopf zum Weitergehen. Als die Reihe an mir war, stutzte er. Er tat dies nicht so sehr – wie ich gleich merkte –, weil ich einen Schweizer Paß hatte. Bei diesem Flug aus Zürich hatten das viele andere Passagiere auch. Er tat es vielmehr wegen meines auf der ersten Seite eingetragenen Heimatortes. „Hm – so, aus *Naters* sind Sie? – Toller Ferienort. War in diesem Sommer zwei Wochen mit der ganzen Familie da. Hat eine Disko wie eine Großstadt. Gab prima Essen, Sauerkraut und so. Und dann all die Grillplätze! Wirklich; haben uns für nächstes Jahr schon wieder angemeldet."

Ich war dermaßen verdutzt, daß ich nur ein trockenes „So" und „Aha" hervorbrachte. Noch bevor mir klar wurde, weshalb mich die Worte des Beamten so irritierten, schob mich der nächste Reisende weiter. Unsere Konversation hatte ihm schon zu lange gedauert.

So ging ich wortlos am Beamten vorbei, der mir noch einmal freundlich zunickte. Auch wenn er nicht nur in der Diskothek von Naters gewesen wäre, sondern vielleicht an einem verregneten Nachmittag auch in der Sankt Mauritius-Kirche: er hätte Burgeli dort nie getroffen, und auch nicht die Naterser Madonna mit ihrem Kind. Von Burgeli gab es längst kein Zeichen mehr, nicht einmal mehr auf dem Friedhof oder im Beinhaus neben der Kirche. Und die Madonna steht im Museum in Zürich, aufgereiht wie zu einem Schönheitswettbewerb in Konkurrenz mit anderen ihresgleichen aus jener Zeit.

Die Zusammenhänge müssen wir uns schon selbst wieder herstellen. Wir können es auch, wenn wir es wagen, unsere historische Phantasie auf einer soliden Grundlage spielen zu lassen. Vor diesem Hintergrund tat mir der Beamte im nachhinein leid. War „Sauerkraut und so" wirklich alles, was ihm Naters geboten hatte?

Meine Irritation saß jedoch noch tiefer. Irritiert war ich nämlich auch *meinet*wegen. Nicht alle Mitmenschen haben schließlich die Gelegenheit, sich von Berufs wegen (wie ich) Gedanken über die hier ausgebreiteten Probleme und Zusammenhänge zu machen und auf diese Weise fast wie von selbst zu einem reich erfüllten Leben zu gelangen. Wer sich in einer solch privilegierten Stellung befindet, sollte andere vermehrt an seinen Früchten teilhaben lassen, vor allem auch jene, die nie Zugang zu einer Universität hatten oder haben. Sie sind noch immer in der Mehrzahl. Mit den fünf Geschichten wollte ich einen Anfang hierzu machen.

Nachwort

Wenn ich hier fünf *Geschichten erzählt* habe, so möge mir niemand unterstellen, ich hätte damit ‚literarische Absichten' verfolgt. Das habe ich nicht; das könnte ich auch gar nicht. Wohl versuchte ich, so zu schreiben, daß mich möglichst viele Leser verstehen würden. Dies fiel mir – wenn es denn gelungen sein sollte – nicht leicht. Professoren sind es im allgemeinen eher gewohnt, kompliziert zu schreiben. Damit lassen sich – im allgemeinen – auch die größeren akademischen Lorbeeren ernten.

Mit fünfzig Jahren, so scheint mir, darf aber selbst ein Hochschullehrer andere Dinge wichtig finden, als akademische Lorbeeren zu ernten. Dies widerspricht meines Erachtens auch gar nicht meinem universitären Auftrag, das Fach ‚Sozialgeschichte der Neuzeit in Forschung und Lehre' zu vertreten. Ich hätte nicht einmal etwas dagegen, wenn mir jemand den Vorwurf der Populärwissenschaft – oder hier konkret der Populärhistorie – machen würde. In Populärwissenschaft steckt auch das Wort Wissenschaft. Wieso sollte ein Berufshistoriker das Schreiben von Populärgeschichte nur Nicht-Fachleuten überlassen oder Fachleuten für Verständlichkeit, die nicht Historiker sind?

Die Erzählform legt aber auch Zeugnis ab von einem Unbehagen, das mich bei meiner Forschung nicht selten überkommt. Die Historische Demographie ist außerordentlich zeitaufwendig, mühsam und überdies kostspielig. Für jede Person muß erst einzeln nach dem Geburts-, Heirats- und Sterbedatum sowie einigen weiteren Angaben wie Herkunft, Beruf oder Todesursache geforscht und die aufgefundenen Daten in den Computer eingespeist werden. Dann sucht man nach den Ehepartnern, den Eltern, den Kindern und setzt die Personen schließlich zu Familien zusammen. Eine einzige historisch-demographische Datenbank für ein Forschungsgebiet von auch nur einem halben Dutzend benachbarter Kirchengemeinden über zwei oder drei Jahrhunderte umfaßt am Ende leicht einige Zehntausend Einzelpersonen, die in einigen Tausend Familien zusammengefaßt sind. All dies ist nur mit Hilfe eines kostspieligen Arbeitsteams und einer teuren Computerausrüstung zu leisten.

Wenn die bereinigten Datenbanken erst einmal stehen, beginnt die Rechnerei: Ermittlung der durchschnittlichen Lebenserwartung von Männern und Frauen bei der Geburt, im Alter von einem, von zehn, zwanzig, fünfzig oder achtzig Jahren im 17., 18., 19. Jahrhundert; durchschnittliche Anzahl lebend geborener Kinder in jedem Zeitraum; durchschnittliche Anzahl Säuglinge, die vor Ablauf des ersten Lebensjahres verstarben – und so weiter. Es ist leicht einzusehen, daß hierzu große Ausgangszahlen für Tausende von Einzelindividuen vorliegen müssen. Nur so lassen sich statistisch relevante Werte ermitteln. – Genau hier beginnt mein Unbehagen. Ich war zu Beginn meiner Arbeit von einzelnen *Menschen* ausgegangen und hatte es am Ende mit abstrakt anonymen *Werten* zu tun.

Selbstverständlich werde ich in meiner Forschung auch weiterhin so vorgehen, vorgehen müssen. Denn nur auf diese Weise gelange ich zu jenen Werten, die mir weltweit Tür und Tor zu Universitäten, Akademien, Instituten und den dort tätigen Kollegen öffnen. Auf den laufenden Austausch mit ihnen aber bin ich für die Qualität meiner eigenen Forschung und Lehre angewiesen. Bei der Präsentierung von Forschungsergebnissen und der Diskussion über die Ländergrenzen hinweg ergeben sich für uns kaum Schwierigkeiten. Die eben erwähnten Werte werden nach international standardisierten Normen berechnet und dargestellt. Sie sind deshalb weltweit auch ohne weiteres verständlich. Überall bedeuten zum Beispiel e(x) oder q(x) dasselbe, nämlich die ‚Lebenserwartung eines x-jährigen' beziehungsweise die ‚Wahrscheinlichkeit eines x-jährigen, im folgenden Jahr zu sterben'.

Die auf solch normierte Weise dargebotenen Ergebnisse aus der laufenden Forschung bilden überall meinen Passepartout. Ohne diese Eintrittskarte geht es nicht, sind die Kollegen auf die Dauer nicht an mir als einem Gesprächspartner interessiert, erhalte ich somit auch nicht länger Zutritt zu ihren wissenschaftlichen Einrichtungen. Das wird sich in Zukunft nicht ändern. Deshalb ist auch, gleichzeitig mit dem hier vorliegenden Buch und seinen fünf *erzählten* Geschichten, noch ein anderes Werk im Entstehen begriffen. Auf mehreren hundert Seiten werden dort die exakten Werte für die Lebenserwartung, die Sterbe- oder die Überlebenswahrscheinlichkeit seit dem 17. Jahrhundert in verschiedenen Regionen Deutschlands tabellarisch und graphisch wiedergeben. Wer dann auch immer auf der Welt erfahren möchte, wie sich zum Beispiel e(o) oder e(20), q(65) oder q(85) für dieses oder jenes Geschlecht da oder dort bei uns im Verlaufe der Zeit entwickelt haben, kann das darin problemlos auf Punkt und Komma ablesen. (Das Buch trägt den Titel ‚Lebenserwartungen in Deutschland 17. bis 19. Jahrhundert' und erscheint 1990 im Verlag ACTA HUMANIORA in Weinheim.)

Vielleicht bin ich jedoch zu sehr Historiker, *Sozial*historiker, und zu wenig Demograph, um nicht trotzdem immer wieder zu bedauern, daß mir die Menschen aus Fleisch und Blut, deren Namen und Schicksale ich in den Quellen und Archiven einzeln gesehen und gelesen hatte, im Verlaufe des Forschungsprozesses entgleiten. Stets bleiben sie sozusagen im Computer hängen. Ich speise Einzelschicksale ein, und heraus kommen Ergebnisse, Durchschnitte, Raten, Quoten. Der Computer ist unersättlich.

Hinzu kommt ein zweiter Punkt. Streuen wir uns nicht selbst Sand in die Augen, oder richtiger gefragt: *wieviel* Sand streuen wir uns in die Augen, wenn wir die Ergebnisse demographischer Forschungen – sei es in absoluten Zahlen, sei es in Prozenten und Promillen mit zwei oder drei Stellen hinter dem Komma – exakt wiedergeben und dann folgerichtig so tun, als hätten wir es wirklich mit Werten zu tun, die über jeden Zweifel erhaben wären? Wenn wir zum Beispiel sagen, die Lebenserwartung von Männern in diesem oder jenem entwickelten Land betrage bei der Geburt – nehmen wir an – zweiundsiebzig Jahre, in diesem oder jenem Entwicklungsland dagegen nur fünfundfünfzig, dann scheint es im ersten Augenblick tatsächlich so, als hätten wir wirklich exakte Angaben und sichere Werte vor uns. Das haben wir jedoch nur sehr bedingt. Meine Zweifel, manchmal sogar Skrupel beruhen weniger darauf, daß stets die Möglichkeit sowohl einer mangelhaften Datenerhebung wie auch einer fehlerhaften Berechnung besteht.

Vielmehr dürfte jeder Leser bald selbst die scheinbar so exakten Zahlen in Frage stellen, wenn er sich überlegt, daß eine Lebenserwartung von fünfundfünfzig oder von zweiundsiebzig Jahren keineswegs überall auf der Welt dasselbe bedeuten. Dieser Inder ist mit fünfzig Jahren alt und verbraucht, jener Schwede mit siebzig fit und quicklebendig. Sie bedeuten auch innerhalb einer einzigen Bevölkerung nicht das gleiche. Dieser Hochschullehrer ist vielleicht mit sechzig Jahren jünger als jener Grubenarbeiter mit vierzig, diese alleinerziehende Kassiererin im Supermarkt mit fünfunddreißig vielleicht abgearbeiteter als jene Boutique-Inhaberin mit fünfzig. Ein Mann mit siebzig hat mehr von seiner durchschnittlich zu erwartenden Lebensspanne verbraucht (nämlich 97,8%) als eine Frau mit fünfundsiebzig von der ihren (96,0%). Er ist dem Tod statistisch somit näher als sie (1984/86 waren die Lebenserwartungen in der Bundesrepublik für Männer 71,54 Jahre, für Frauen 78,10 Jahre; Statistisches Jahrbuch 1988 für die Bundesrepublik Deutschland, 76).

Und auch im geschichtlichen Rückblick bezeichnen feste Altersangaben ganz unterschiedliche Alter. Sechzig Jahre alt zu sein bedeutete im 16., 18. oder 19. Jahrhundert jeweils etwas Verschiedenes, ganz zu schweigen von unserem ausgehenden 20. Und nicht einmal bezogen auf das einzelne Individuum ist der absolute Wert absolut. Manchmal liegen – wer wüßte das nicht – bei einem Fünfzig- oder Sechzigjährigen nur Stunden zwischen dem Gefühl, jung wie ein Dreißiger, und jenem andern Gefühl, alt und verbraucht wie ein Siebzig-, ein Achtzigjähriger zu sein. Altern ist kein linearer Prozeß. Er macht Sprünge, nach vorn, manchmal aber auch wieder zurück, oder er scheint monatelang still zu stehen.

In diesem Zusammenhang rührt mein erwähntes Mißbehagen daher, daß wir mit immer größerer Computergenauigkeit aufgrund von immer ausgefeilteren Methoden immer exaktere Angaben eben zum Beispiel zur Lebenserwartung erhalten und damit dann weltweit arbeiten und Vergleiche anstellen, ohne auch nur über die skizzierten Unwägbarkeiten nachzudenken, geschweige denn, sie mitzuberücksichtigen. An wievielen stundenlangen Diskussionen über noch ausgeklügeltere Verfahren zur Datenerhebung, Datenverarbeitung oder Ergebnisdarstellung habe ich nicht teilgenommen und mich danach beklommen gefragt, ob Wissenschaft wirklich dermaßen von der Alltagswirklichkeit der ‚behandelten' Menschen abgehoben sein muß! Dieselben Skrupel beschleichen mich oft auch bei der Lektüre jener Fachzeitschriften, die es zu diesem Themenbereich natürlich ebenfalls gibt. Gewiß ist es bequem und für bestimmte Einteilungen – man denke an Besoldungsgruppen, Ferienansprüche, in Rente gehen – wohl auch unumgänglich, die Menschen nach der Anzahl durchlebter Kalenderjahre zu gliedern. Solche Gruppierungen sind jedoch notgedrungen äußerst schematisch, starr und in vielerlei Hinsicht realitätsfremd. Man schiebt – so scheint mir oft – Zahlen und Prozentwerte vor, um nicht an die damit gemeinten Menschen denken und über sie sprechen zu müssen.

Immerhin läßt sich vor diesem Hintergrund besser verstehen, weshalb noch heute Länder wie China oder Indien die Altersgrenze in ihren Statistiken bei 60 Jahren ziehen, wir in den entwickelten Ländern dagegen bei 65. Demographen beklagen sich anschließend auf internationalen Konferenzen, daß sie auf diese Weise keine Vergleiche anstellen könnten. Dies scheint mir jedoch erneut sehr vordergründig argumentiert. Die Vergleiche über Zahl oder Anteil ‚alter' Menschen lassen sich durchaus anstellen, vorausgesetzt, man ist sich der Fragwürdigkeit der absoluten Altersangabe bewußt, liege sie nun bei sechzig oder bei fünfundsechzig Jahren. Oder bei uns demnächst vielleicht bei siebzig oder fünfundsiebzig? Man sehe sich doch einmal einen Menschen von sechzig Jahren – ob Mann, ob Frau – in Indien oder China an, und vergleiche sein Antlitz mit einem Siebzig-, einem Achtzigjährigen bei uns!

Ist es da diesen Unwägbarkeiten nicht zumindest ebenso angemessen und ebenso richtig, wenn ich in der ersten Geschichte von Burgeli, ihrem Mann Walter und all ihren verstorbenen Kindern spreche, in der zweiten von einer vierköpfigen Kölner Familie, die in eine festgefügte Weltanschauung eingebunden war, in der dritten von Martin am Oberrhein, der während seiner schweren Krankheit die ‚Kunst des Sterbens' lernte, in der vierten vom schwedischen Brautpaar Britta und Erik und den Auswirkungen der neuen Lesekenntnisse, und in der fünften schließlich von mir selbst? – wobei es jedem Leser immer noch freisteht, das ‚von mir' gegen seine eigene Person auszutauschen. Aufgrund langjähriger historisch-demographischer wie allgemeingeschichtlicher Forschung weiß ich, daß sich die von mir nachgezeichneten Einzelschicksale alle in der Art und Weise abgespielt haben könnten, wie ich sie erzähle. Auf ihre Weise dürfen sie somit sehr wohl als repräsentativ für die jeweilige Zeit gelten.

Und ist es nicht zumindest ebenso richtig, in den ersten drei Geschichten immer wieder auch jenen anderen Umstand in Erinnerung zu rufen – an dem sämtliche, auch meine eigenen ‚exakten' demographischen Angaben zur Lebenserwartung heute vorbeisehen –, wonach das ‚Leben' unserer damaligen Vorfahren unendlich viel länger war, als es dies für die meisten von uns heute ist. ‚Unendlich viel länger' ganz wörtlich genommen: ihr Leben bestand aus zwei Teilen, einem mehr oder weniger langen irdischen Teil *und* einem unendlichen im Jenseits. – Was haben wir durch die Zunahme der Lebenserwartung auf Erden gewonnen? Ein paar Jahre! Doch was haben wir durch den gleichzeitigen Verlust unseres Glaubens an die Ewigkeit verloren? *Unendlich* viel mehr.

Nach all dem, was ich als interdisziplinär interessierter Berufshistoriker in zwanzig Jahren aus der Geschichte gelernt und im gleichen Zeitraum allenthalben auf der Welt mit eigenen Augen gesehen habe, kann ich heute mein Fach Sozialgeschichte nicht mehr in der gleichen Weise betreiben, wie ich das zu Beginn meiner Laufbahn getan habe. Damals hätte ich mir die Abhandlung des vorliegenden Themas wahrscheinlich ‚einfacher' gemacht und wäre als frisch promovierter (1965) oder auch noch als frisch habilitierter (1973) Jungakademiker ‚wissenschaftlicher' vorgegangen, das heißt, ich hätte dem Leser einfach eine große Zahl ,exakter' Computerausdrucke sowohl tabellarisch-statistischer wie auch graphischer Art vorgelegt und sie mit einer Reihe gelehrter Zwischentexte sowie Fußnoten jeder Art versehen. Selbstverständlich wäre ich, und zwar durchaus mit einigem Recht, auch noch stolz auf das mit so viel Forscherfleiß und Mühe erstellte und dann endlich erschienene Werk gewesen. Ob das Buch allerdings jemals *Leser* und nicht nur Blätterer und Nachschlager gefunden hätte, ist eine ganz andere Frage. Ich bezweifle es.

Inzwischen haben mich jedoch die Einsichten aus der Geschichte wie aus der Gegenwart bei uns und anderswo bewogen, dem Leser nichts als diese fünf *Erzählungen* vorzulegen, *zum Lesen*. Es geht mir dabei nicht oder doch nicht in erster Linie noch länger um bloße *historische* Belehrung. Wichtiger war und ist mir, auf der Basis der im Hintergrund bleibenden historisch-demographischen wie allgemeinhistorischen Kenntnisse durch das Ausmalen von Alltagssituationen aus dem 13., 15., 18. und ausgehenden 20. Jahrhundert den Leser in die Lage zu versetzen, einige grundlegende Veränderungen, die sich während dieses langen Zeitraums abspielten, *selbst* nachzuvollziehen. Am Ende des Buches sollte es ihm, die Jahrhunderte überblickend, auch als Nichtfachmann möglich sein zu beurteilen, wo in einer langfristigen Entwicklung wir uns heute befinden, was im Verlaufe dieser zur Gegenwart hinführenden Jahrhunderte sich zum Positiven, was zum Negativen gewandelt hat, und zwar im Hinblick auf *seine eigene* Position, hier und heute. Er mag sich dann selbst ausmalen, unter was für mißlichen Umständen er im 13., im 15., im 18. Jahrhundert hätte leben müssen – wenn er überhaupt in seinem Alter noch am Leben gewesen wäre –, und unter welch vergleichsweise sehr viel besseren Bedingungen er heute leben kann. Gleichzeitig wird er sich allerdings ebenfalls zu überlegen haben, ob es damals nicht einfacher gewesen sein mochte, ein erfülltes, jedenfalls notgedrungen bis zum Ende ausgefülltes (kurzes) Leben zu leben – weil es ein vorgegebenes Ziel hatte –, als heute ein langes ohne vergleichsweise ebenso feste Zielvorstellungen.

Wer in dieser Weise Positives und Negatives gegeneinander abwägen kann, dem müßte es dann aber auch leichter gelingen, *selbst* etwas zu tun, um die weniger positiven Seiten doch noch ins Bessere zu wenden. Hierbei sollte für ihn an oberster Stelle stehen, darüber nachzudenken, wie sich aus *seinen* zusätzlichen Lebensjahren erfüllte Jahre machen ließen, wie *er* seine eigenen, ihm gemäßen Zielvorstellungen für einen *kompletten* Lebenslauf und damit einen für ihn gültigen langfristigen Lebensplan entwickeln und auf welche Weise *er* ihn am besten ausfüllen könnte.

Wohin ich heute auch blicke, kann ich nicht finden, daß bisher mehr als eine kleine Minderheit von Zeitgenossen erkannt hätte, daß tatsächlich zusätzliche Jahre auf uns zukommen, *viele* zusätzliche Jahre, *lange* zusätzliche Jahre. Auch ich muß mich immer wieder dazu zwingen, diesen Sachverhalt nicht aus den Augen zu verlieren. Es ist viel einfacher, in den Tag hinein zu leben und sich der ‚besten Jahre' unbeschwert zu erfreuen, als gleichzeitig auch noch über den Tag hinaus an Morgen und Übermorgen zu denken. Dabei müßten wir schon ob des Ausdrucks ‚*beste* Jahre' stutzig werden. ‚Beste': das ist ein Superlativ. Folglich muß es auch noch andere Jahre geben, die im Vergleich dazu weniger ‚super' sind. Niemand fragt uns, ob wir die zusätzlichen Jahre denn auch haben möchten. Sie kommen auf uns zu, gleichgültig, ob wir sie wollen oder nicht.

Besser jedoch, als in jene zusätzlichen Jahre einfach hineinzuschlittern, wie das viele offenbar noch immer tun, schiene mir, von vornherein *ja* zu ihnen zu sagen und sie fest in einen langfristigen Lebensplan zu integrieren. Bloß darauf zu warten, daß uns dann jemand an der Hand nehmen und Geschichten erzählen wird, damit wir nicht in eine entsetzliche geistige Leere stürzen, scheint mir sowohl eine naiv trügerische Hoffnung, als auch eine allzu dürftige Antwort auf eine der größten Herausforderungen an *jeden* von uns. Viele scheinen ihr noch immer nicht gewachsen zu sein. Das Abschieben der Probleme auf ‚die' Gesellschaft, das heißt die Meinung, daß es in erster Linie *deren* Aufgabe sei, für uns die Probleme zu lösen oder uns Problemlösungen anzubieten, ist das allzu billige Ergebnis unentschuldbarer eigener Versäumnisse und Verdrängungen. Wieso nicht *selbst* etwas tun? Weshalb nicht *eigene* Initiativen entwickeln? Warum nicht in seiner eigenen kleinen Alltagswelt andere auf diese Probleme hinweisen und Lösungsvorschläge unterbreiten? Das vorliegende Buch möchte ein Beitrag in dieser Richtung sein.

Doch hier beginnen die Schwierigkeiten. Ich sehe sie durchaus, und ich kann sie – gerade als Historiker – gut verstehen. Zu keinem Zeitpunkt der Geschichte wurden bisher so viele Menschen, ja ganze Bevölkerungen vor die Aufgabe gestellt, *komplette* Lebensläufe zu organisieren und zu planen. Für die meisten unserer Vorfahren endete das Leben irgendwo vorher, vorzeitig, mit zwei, fünf, fünfzehn, dreißig, fünfzig, mal sechzig oder siebzig Jahren. Dies war noch bis in unser Jahrhundert hinein so. Es genügt, an Tuberkulose, Influenza, Weltkriege, Kohlrüben- und Hungerwinter zu erinnern. Woher also sollten wir plötzlich wissen, wie man das macht – *komplette* Lebensläufe zu leben und sich darauf einzurichten?

In diesem Zusammenhang ergaben sich für mich als Historiker zwei Aufgaben. Beide versuchte ich in diesem Buch anzugehen. Zum einen handelt es sich darum, den Zeitgenossen immer wieder vor Augen zu führen, daß wir uns heute tatsächlich in einer völlig neuen Situation *biologischer Lebensgewißheit* befinden. Wer könnte besser wissen als ein Historiker-Demograph, daß es eine vergleichbare Existenzsicherheit zuvor noch nie gab. (Ich spreche von *hier* und *heute*, von der Zeit seit dem Zweiten Weltkrieg bei uns in Zentraleuropa. Mich in Zukunftsspekulationen zu ergehen, gehört nicht zu meinem Metier als Historiker.) Daraus aber folgt, daß wir geschichtlich gesehen gar nicht auf diesen neuen Zustand vorbereitet sein können. Woher auch?

Um die Einmaligkeit der Situation für jedermann deutlich zu machen, muß ich als erstes auch jedermann die Möglichkeit geben, den heutigen Zustand mit den anders gearteten Zuständen ‚früher' vergleichen zu können. Aus naheliegenden Gründen verfügen Nicht-Historiker über solche Vergleichsmöglichkeiten vorerst einmal nicht. Ich kann somit a priori auch niemandem einen Vorwurf daraus machen, wenn er sein Leben heute so lebt, als ob es unsere hohe Lebensgewißheit ‚schon immer' gegeben hätte und nicht die *neuen* Umstände zwangsläufig auch *neue*, bisher nie erprobte Antworten erforderten. Es gab diese Sicherheit nicht! Unsere Vorfahren hatten bei weitem die größere Veranlassung als wir, von einem Tag auf den andern zu leben. Zweck der ersten drei Geschichten war es, jene *ehemaligen* Sachverhalte darzustellen. So stand Mutter Burgeli im 13. Jahrhundert dem Säuglingssterben in ihrer Hochrisiko-Familie machtlos gegenüber; der Zimmermann Martin lag zwei Jahrhunderte später mit bloß vierzig Jahren todkrank an Flecktyphus darnieder. Erst in unseren Tagen werden Lebensläufe durch derlei damals alltägliche Bedrohungen nicht länger vorzeitig gekappt oder überhaupt, wie seinerzeit bei vielen Säuglingen, am ‚Laufen' gehindert.

Zum anderen aber genügt es nicht, daß wir die erstmalige massenhafte Existenz von kompletten Lebensläufen einfach zur Kenntnis nehmen, dann aber achselzuckend weiter so vor uns hinleben, als würden Frühling und Sommer unseres dann scheinbar ungefährdeten Lebens ewig dauern. Dafür schiene mir allein schon der ungeheure Aufwand, der auch nur zur Aufrechterhaltung des gegenwärtigen Standes unserer Lebensgewißheit von verschiedenster Seite ständig betrieben werden muß, denn doch zu schade. Wir sind es nur wert, an den Früchten dieser vielfältigen Bemühungen teilzuhaben, wenn wir sie nicht einfach gedankenlos konsumieren und immer noch mehr davon haben wollen.

Wie aber sollen wir es anstellen, um aus den uns plötzlich gewährten zusätzlichen Lebensjahren auch gewonnene, erfüllte Jahre zu machen? ‚Wir' – damit meine ich nicht jene wenigen, meist sowieso privilegierten Mitmenschen, die solcher Anweisungen noch nie bedurften. Ich meine vielmehr die zahlreichen anderen, das heißt die Mehrheit. Auf der Suche nach einer Antwort ist der Historiker ein weiteres Mal im Vorteil. Aus der Geschichte ist ihm geläufig, daß Menschen zu allen Zeiten mit jeweils ‚neuen' Problemen konfrontiert wurden. Er kann somit nachsehen, wie unsere Vorfahren *ihre* Probleme in vergangenen

Zeiten anpackten und gegebenenfalls lösten, oder welche Strategien sie zumindest entwickelten, um mit ihnen fertig zu werden und nicht an ihnen zugrunde zu gehen: Burgeli mit einer Säuglingssterblichkeit von einhundert Prozent; Martin mit der tödlichen Bedrohung im Alter von vierzig Jahren. Vielleicht ließe sich daraus etwas lernen, wie *wir* mit *unseren* zusätzlichen Jahren am Lebensende besser fertig würden?

Wiederum habe ich in den ersten drei Geschichten dargestellt, wie die Problemlösungen damals aussehen konnten. Als Stichworte rufe ich in Erinnerung: für die erste Geschichte ‚Madonna mit Kind' und ‚Gemeinschaft', für die zweite ‚Eingebundenheit in eine festgefügte Welt- und Jenseitsanschauung', und für die dritte ‚Die Kunst des Sterbens'. – In der vierten Geschichte hörten wir sodann davon, wie jene alten Vorstellungen und Haltungen, oder wenn man so will: die damals funktionierenden Überlebensstrategien aufgebrochen wurden und welche eminente Rolle dabei das Lesenlernen und damit der Zugang zu Aufklärung und zu allgemeinem Wissen spielte. Schließlich wendet sich die fünfte und letzte Geschichte der Gegenwart und damit den heutigen Problemen zu.

Uns liegt inzwischen praktisch das gesamte Wissen der Welt zu Füßen. Jeder kann sich frei und beliebig bedienen. Neue Techniken wie das Schwarz-weiß- und Farbkopieren, die Auswahl aus zwei, drei Dutzend Fernsehprogrammen, Bildschirmtext und Telefax, ganz zu schweigen von den rasanten Fortschritten im Bereich der Personal Computer erleichtern und ermöglichen jedem von uns den ständigen Zugriff auf dieses Wissen. Angesichts der schieren Überfülle ist hierbei allerdings eine rigorose Auswahl nach ganz bestimmten Kriterien unerläßlich.

Was ließe sich nun, eingedenk *unserer* zeitspezifischen Probleme, Besseres tun, als all das Wissen und Können sowie die uns vielfältig gebotenen Möglichkeiten gezielt so zu nutzen, daß aus den zusätzlichen Jahren *erfüllte* Jahre werden? Ich schiele somit nicht nostalgisch in jene Zeiten zurück, als die meisten Menschen noch eine festgefügte Weltanschauung hatten und darin aufgehoben waren. Als Historiker weiß ich zu gut, daß dies damals ganz direkt und untrennbar mit der großen Lebensungewißheit zusammenhing. Mit ihr aber möchte ich nicht tauschen. Der Leser etwa?

Ebensowenig bedaure ich oder würde umgekehrt euphorisch darauf reagieren, daß wir nun in der Regel so viele (*zu* viele?) zusätzliche Jahre an unserem Lebensende zu erwarten haben. Das Beste daraus zu machen, was überhaupt unter den gegebenen Zeitumständen zu machen ist, so lautet meine Devise. *Das* ist, was ich bei meinen Vorfahren gelernt habe. So wenig ihnen damals etwas anderes übrig blieb, so wenig wird uns etwas anderes übrig bleiben, als den Problemen schließlich doch ins Auge zu sehen. Während unsere Vorfahren jedoch zu ihren Problemen standen und sogar Lösungen fanden – ist denn eine weitherum erlernte ‚Kunst des Sterbens' etwa nichts? – , so scheint mir, daß wir unsere eigenen Probleme noch kaum richtig erkannt, geschweige denn in Angriff genommen und noch viel weniger gelöst haben. Auf welche Weise das jeder für sich tun könnte, hoffe ich mit diesem Buch zumindest angedeutet zu haben.

Noch einen letzten Punkt möchte ich hier anfügen. Er hätte ebenso gut schon am Anfang des Buches stehen können, als dessen Motto. Die allermeisten Menschen, die heute und morgen bei uns, und übermorgen auch anderswo auf der Welt das Dritte und das Vierte Alter erreichen, sind historische Nicht-Fachleute. Will ich meine Aufgabe als Sozialhistoriker vor *diesem* Hintergrund ernst nehmen, dann habe ich, so scheint mir, nicht länger nur die universitäre Pflicht, Studenten in ihren Zwanzigern mit verflossener Sozialgeschichte vertraut zu machen und sozialgeschichtliche Themen im Elfenbeinturm der Wissenschaft zu erforschen. Wenn sich, wie das bei mir der Fall war, sowohl aus den Forschungen wie auch aus der Lehre hier und anderswo Konsequenzen nicht nur ergeben, sondern sich geradezu aufdrängen, dann sollte man sie meines Erachtens auch ziehen. Von hier aus aber ist es nur noch ein kleiner Schritt zur Überzeugung, daß ‚sozial' in ‚Sozialhistoriker' den Auftrag mitumfaßt, auch für die vielen anderen etwas zu tun: die Nicht-Studenten, die Nicht-Universitätsangehörigen, kurzum auch für Menschen, die nie einen Fuß in ein Universitätsgebäude gesetzt haben und dies auch nie tun werden. Die hier ausgebreiteten Probleme betreffen sie genau so, und sie sind bei weitem in der Mehrzahl. Für sie ist dieses Buch in erster Linie gedacht und ist es so geschrieben, wie es geschrieben ist.

Hinweise

Die nachfolgenden Hinweise sind für Leser gedacht, die mehr über die Hintergründe der fünf Geschichten wissen möchten. Während sie sich im allgemeinen auf bibliographische Angaben beschränken, sind sie für die zweite und dritte Geschichte ausführlicher. Dieser Umstand basiert auf Erfahrungen, die ich mit Berliner Studenten machte, als ich die Inhalte beider Geschichten in Seminarübungen behandelte. Eine Veröffentlichung an dieser Stelle könnte somit auch anderen Lehrkräften bei der Vorbereitung und Durchführung ähnlicher Veranstaltungen nützlich sein.

Zum einen hatte uns die intensive Beschäftigung mit dem ‚Leben Christi' (Geschichte 2) in die Handschriftenabteilung der Staatsbibliothek geführt. Anhand des ‚Berliner Weltgerichtsspiels' aus dem Jahre 1482 versuchten wir, uns in die mentalen Hintergründe jener Zeit einzuarbeiten. Durch die verhältnismäßig detaillierten Hinweise soll hier nicht nur jeder interessierte Leser diese Gelegenheit ebenfalls erhalten, sondern ich möchte ihn auf diese Weise ermutigen, ähnliches anschließend auch selbst zu versuchen und den Schritt über die Schwelle dieser oder jener Handschriftenabteilung zu wagen. Sie sind alle, nicht nur in Berlin, voll von verborgenen Schätzen, die es zu entdecken gilt!

Zum anderen erwies es sich beim Studium der elf ‚Ars moriendi'-Illustrationen (Geschichte 3) als notwendig, die darin enthaltenen insgesamt 36 lateinischen Spruchbänder ins Deutsche zu übertragen. Zwar habe ich diese Bänder in den Umzeichnungen weggelassen, führe ihren Wortlaut hier jedoch einzeln sowohl in der lateinischen Originalfassung wie auch in deutscher Übersetzung an.

Über die Frage, ob jene Illustrationen zuerst als Holzschnitte oder aber als Kupferstiche vorlagen, war es um die letzte Jahrhundertwende zu einem erbitterten Gelehrtenstreit gekommen. Ich hatte ihn im ‚Ars moriendi'-Seminar ausführlich behandelt, um abschreckend-exemplarisch zu zeigen, auf welche Abwege pure ‚Gelehrtheit' führen kann, wenn sie das eigentliche Anliegen des Gegenstandes – im vorliegenden Fall die ‚Kunst des Sterbens' – aus den Augen verliert. Auch hier möchte ich dem interessierten Leser diesen Aspekt eindringlich zu bedenken geben und führe deshalb eine Reihe umfangreicherer Zitate aus Veröffentlichungen der damals am Streit hauptsächlich Beteiligten an. Absurdität und Verbohrtheit eines solchen verbissenen Tuns sollen hier für einmal in aller Schärfe bloßgestellt werden. Im übrigen tue ich dies nicht, um mich über jene Autoren zu mokieren, sondern um uns vor Augen zu führen, daß Konzentrieren auf das Wesentliche jederzeit nottut, heute so gut wie damals! Obwohl wir im allgemeinen nun zwar länger leben, scheinen mir die zusätzlichen Jahre noch immer zu schade, um durch derart Nebensächliches vergeudet zu werden.

Zu 1. Naters (Wallis), Mitte 13. Jahrhundert

Literaturhinweis:

Bundesamt für Landestopographie (Schweizerisches): Landeskarte der Schweiz 1:25000, Blatt 1269: Aletschgletscher; 1288: Raron; 1289: Brig. Wabern bei Bern: Bundesamt für Landestopographie 1986, 1981, 1981.

Carlen, Louis: Kultur des Wallis im Mittelalter. Brig: Rotten 1981.

Dolder, Willi und Ursula; mit einer Einführung von Ludwig Imesch: Das Wallis. Der Südwesten der Schweiz: Kunst und Kultur im Schatten der Viertausender. Köln: DuMont 1986.

Forsyth, Ilene H.: The Throne of Wisdom. Wood Sculptures of the Madonna in Romanesque France. Princeton: Princeton University Press 1972.

Horat, Heinz: Kunsthistorisches Inventar des Dorfkerns von Naters. In: Vallesia (Jahrbuch der Walliser Kantonsbibliothek, des Staatsarchivs und der Museen von Valeria und Majoria) 34, 1979, 289–342.

Imesch, Dionys: Die Gründung der Pfarreien, Pfründen und frommen Stiftungen des Oberwallis. In: Blätter aus der Walliser Geschichte 3, 1904, 247–273.

Imesch, Ludwig: Das Oberwallis im Bild; Bd. 1: 1850–1919; Bd. 2: 1919 bis 1945; Bd. 3: 1945–1982. Brig: Rotten 1978, 1980, 1983.

Müller, Iso P.: Zur Entstehung der Pfarreien im Wallis. In: Vallesia 22, 1967, 5–69.

Niederer, Arnold: Gemeinwerk im Wallis. Basel: Krebs 1956.

Reinle, Adolf: Die Ausstattung deutscher Kirchen im Mittelalter. Eine Einführung. Darmstadt: Wissenschaftliche Buchgesellschaft 1988.

Ruppen, Walter: Die Kunstdenkmäler des Kantons Wallis; Band I: Das Obergoms – Die ehemalige Großpfarrei Münster; Band II: Das Untergoms – Die ehemalige Großpfarrei Ernen. Basel: Birkhäuser (I) 1976, (II) 1979.

Ruppen, Walter: Naters und „Natischer Bärg“ (= Schweizerische Kunstführer, Serie 36, Nr. 351/352). Bern: Gesellschaft für Schweizerische Kunstgeschichte 1984.

Schmedding, Brigitta: Romanische Madonnen der Schweiz. Holzskulpturen des 12. und 13. Jahrhunderts. Freiburg (Schweiz): Universitätsverlag 1974.

Stadtplan Brig-Glis/Naters. Brig: Tscherrig o.J. [vertrieben 1989 durch die Schweizerische Bankgesellschaft Brig-Glis]

Verkehrsverein Naters-Blatten-Belalp: Belalp, Naters, Blatten. Informationen 1989.

Verkehrsverein Naters-Blatten-Belalp: Sehenswertes Naters. Blatten: Verkehrsverein Naters-Blatten-Belalp 1989.

Weitere Literatur zum Thema vgl. auch unter Punkt 5 unten.

Zu 2. Köln, um 1410/1420

Bei der Vertiefung in das zweitletzte Bildfeld mit der Darstellung des Jüngsten Gerichts hatte ich das ‚Berliner Weltgerichtsspiel' in der Handschriftenabteilung unserer Berliner Staatsbibliothek zum Gegenstand mehrerer Seminarübungen gemacht. Es handelt sich hierbei um einen Traktat in alemannischer Mundart. Obwohl es ursprünglich wahrscheinlich auf einem Aufführungstext aus dem 14. Jahrhundert beruht, handelt es sich doch nicht – wie lange angenommen – um ein ‚Spiel', sondern um ein reich illustriertes Erbauungsbuch in Dialogform zum Betrachten und – so man konnte – zum Lesen. Diese Auffassung wird auch dadurch unterstrichen, daß sein Titel *Das Jungst Gericht puoch* lautet.

Die bisher nicht veröffentlichte Handschrift (Signatur: MS. GERM. FOL. 722) wurde 1482 von Conrad Müller, einem gewerbsmäßigen Schreiber in Augsburg angefertigt. Sie umfaßt 41 Blätter in Folioformat 19,5 × 30,5 cm. Der Text besteht aus 1510 einspaltigen Versen. Eingestreut sind 53 farbige Federzeichnungen. Ihre Größe variiert zwischen einem Fünftel und drei Vierteln der jeweiligen Seite. Alle Illustrationen sind mit vier Millimeter breiten Strichen kräftig rot gerahmt. Der Zeichner ist nicht bekannt, doch hat er mehrfach mit Conrad Müller zusammengearbeitet.

Aus diesem Bilderzyklus ist in Abbildung 7 die Rückseite von Blatt 14 als Nachzeichnung wiedergegeben. Der ganze Zyklus ist folgendermaßen gegliedert:

I.: Vorhandlung:

Die Prophetien:
Bl. 2r (= Blatt 2 recto, d.h. Vorderseite): Joel
Bl. 2v (= Blatt 2 verso, d.h. Rückseite): Zephanja
Bl. 3v : Gregorius
Bl. 4v : Hiob
Bl. 5v : Salomo
Bl. 6r : Hieronymus

Die Fünfzehn Vorzeichen des Jüngsten Gerichts (in Klammern die Umschreibungen bei Jacobus de Voragine in der Legenda aurea, vgl. Benz 1984, 8):

Bl. 6v: Die Wasser fließen bergauf („Des ersten Tages so hebet sich das Meer auf über alle Berge vierzig Ellen hoch und steht als eine Mauer an seiner Statt".)

Bl. 7r: Die Wasser kommen zurück („Des andern Tages so schwindet das Meer unter sich, daß man es kaum sehen mag".)

Bl. 7v: Oben : Die Fische schreien („Des dritten Tages so gehen die Meerwunder aus und lassen sich sehen, und brüllen auf gen Himmel. Der Stimme verstehet niemand denn Gott".)

Bl. 7v: Unten: Die Wasser brennen („Des vierten Tages so verbrennet das Meer und alle Wasser".)

Bl. 8r: Die Bäume schwitzen Blut („Des fünften Tages so geben alle Bäume und Kräuter blutfarbenen Tau. Man sagt auch, daß dann alle Vögel der Luft sich auf das Erdreich sammeln, ein jeglicher nach seiner Ordnung, und essen noch trinken nicht von Furcht vor Zukunft des strengen Richters".)

Bl. 8v: Oben: Die Häuser stürzen zusammen („Des sechsten Tages so fallen alle Städte und was gebauet ist, und fahren feurige Blitze wider das Antlitz des Firmaments vom Untergang der Sonne bis gen den Aufgang".)

Bl. 8v: Unten: Die Steine schlagen aneinander („Des siebenten Tages so schlagen die Steine aneinander, daß sie brechen, und spalten sich jeglicher in vier Teile und reiben sich aneinander. Das Getöne, das weiß niemand denn allein Gott".)

Bl. 9r: Tiere und Menschen sterben bei dem Erdbeben („Des achten Tages so wird ein großes Erdbeben, so groß, daß alle Menschen und Tiere niederfallen zur Erde und niemand stehen kann".)

Bl. 9v: Oben : Die Bäume fallen um („Des neunten Tages so wird alles Erdreich gleich eben, und werden alle Berge und Bühel zu Pulver".)

Bl. 9v: Unten: Die Menschen kriechen aus ihren Höhlen („Des zehnten Tages so gehen die Menschen aus den Höhlen, darein sie geflohen waren, als wären sie von Sinnen, und mag eins zu dem andern nicht reden".)

Bl. 10r: Auferstehung der Toten („Des elften Tages so erstehen die Gebeine der Toten, und stehen über den Gräbern. Und tun sich alle Gräber auf von Sonnenaufgang bis Untergang, daß die Toten können heraus gehen".)

Bl. 10v: Die Sterne fallen vom Himmel („Des zwölften Tages so fallen die Sterne vom Himmel und alle Planeten und Fixsterne lassen feurige Schweife ausgehen; und es wird abermals ein Feuerregen. Auch sagt man, daß an diesem Tage alle Tiere auf den Feldern mit Brüllen sich sammeln, und essen und trinken nicht".)

Bl. 11r: Oben : Die Sterne fallen vom Himmel („Des dreizehnten Tages so sterben die Lebenden, daß sie mit den Toten auferstehen".)

Bl. 11r: Unten: Himmel und Erde brennen („Des vierzehnten Tages so verbrennet Himmel und Erde".)

Bl. 11v: Anbetung der Auferstandenen („Des fünfzehnten Tages so wird ein neuer Himmel und eine neue Erde, und erstehen die Menschen alle".)

Auferweckungsrufe der vier Engel:
Bl. 12r: Posaune blasender Engel
Bl. 12v: Posaune blasender Engel
Bl. 13r: Posaune blasender Engel
Bl. 14r: Posaune blasender Engel

II.: Haupthandlung (mit den Gerichtsszenen):

Bl. 14v: Auferstehung der Toten (in Umzeichnung als Abb. 7 wiedergegeben)
Bl. 15v: Christus als Richter am Jüngsten Tag
Bl. 16r: Der Engel scheidet Gute und Böse
Bl. 17v: Maria bittet für die Sünder
Bl. 19r: Christus als Richter, umgeben von den zwölf Aposteln
Bl. 22r: Christus spricht zu den Aposteln
Bl. 22v: Christus spricht zu den Verdammten
Bl. 26v: Der Teufel zieht die Verdammten an einer Kette in die Hölle
Bl. 28r: Christus auf dem Regenbogen, daneben Maria und Johannes der Täufer
Bl. 31r: Die Teufel ergreifen die Seele eines Sterbenden
Bl. 31v: Christus auf dem Regenbogen, daneben Maria und Johannes der Täufer (= wie Bl. 28r)

III.: Ausgang (mit dem Verschließen der Hölle, der Danksagung der Apostel und dem Einzug in den Himmel):

Bl. 35v: Christus am Höllentor
Bl. 36r: Christus mit Maria und den Aposteln
Bl. 36v: Christus über den Wolken thronend
Bl. 37r: Links : Apostel Petrus
Bl. 37r: Rechts: Apostel Paulus
Bl. 37v: Oben : Apostel Johannes
Bl. 37v: Unten : Apostel Andreas
Bl. 38r: Links : Johannes der Täufer
Bl. 38r: Rechts: Apostel Bartholomäus
Bl. 38v: Oben : Apostel Thomas
Bl. 38v: Unten : Apostel Jakobus
Bl. 39r: Links : Apostel Philippus
Bl. 39r: Rechts: Apostel Matthäus
Bl. 39v: Links : Apostel Simon
Bl. 39v: Rechts: Apostel Matthias
Bl. 40v: Gottvater, Christus und Maria auf Wolken thronend, darüber die Taube des hl. Geistes
Bl. 41r: Papst, Geistliche, Kaiser, geistliche und weltliche Würdenträger im Gebet

Eingeleitet wird das ‚Weltgerichtsspiel' somit durch die Weissagungen der Propheten, Heiligen und Kirchenväter Joel, Zephanja (Sophonias), Gregorius, Hiob (Job), Salomo und Hieronymus. Dem letzten sind die ‚Fünfzehn Vorzeichen des Jüngsten Gerichts' in den Mund gelegt, ein vielerörtertes Thema des Mittelalters in Schrift und Bild. Die Erweckungsrufe von vier Engeln leiten zum Hauptteil über. Hier kommt es zur Gerichtsverhandlung durch Christus. Schließlich fällt er sein Urteil über Gerechte und Ungerechte. Die Verdammten bitten sieben Mal vergeblich um eine Strafminderung. Ebenso wenig fruchtet die Fürbitte von Maria und Johannes dem Täufer. Nach Widerreden zwischen Teufel und Verdammten endet das Spiel mit Lobpreisungen der zwölf Apostel sowie Schlußreden Christi.

Der handwerklich-künstlerischen Ausführung nach handelt es sich bei unserem Manuskript um eine typische Werkstattarbeit. Es ist gutes Mittelmaß, aber nichts Besonderes. Die meisten Figuren stehen in dichten Gruppen neben- oder hintereinander auf unbewachsenem Boden vor blauem Himmel. Sie sind verschieden proportioniert und zeigen nur geringe Individualisierung. Die Köpfe wirken nicht selten zu groß. Auch sind sie ausdruckslos. Viele Figuren tragen eine bürgerliche Tracht, so wie sie um 1480 üblich gewesen ist. Andere sind in Phantasiekostüme gekleidet. Die Bäume weisen naturalistische Stämme und eine aus angedeuteten Blättern gebildete Laubkrone auf. An Architekturdarstellungen kommt nur ein perspektivisch nicht ganz verständliches Stadtbild vor.

Literatur zum ‚Berliner Weltgerichtsspiel' – wie auch zu weiteren, hauptsächlich oberdeutschen ‚Weltgerichtsspielen' aus jener Zeit: Bergmann 1985, Blosen 1976, Degering 1925–1932/1970, Lehmann-Haupt 1929, Reuschel 1906, Rosenfeld 1978, Rupprich 1970, Stammler 1962, Wegener 1928, Williams-Krapp 1980 und 1985.

Literaturhinweis:

Appuhn, Horst: Das private Andachtsbild. Ein Vorschlag zur kunstgeschichtlichen und volkskundlichen Terminologie. In: Martha Bringemeier u.a. (Hrsg.): Museum und Kulturgeschichte. Festschrift für Wilhelm Hansen. Münster: Aschendorff 1978, 289–292.

Bauer, Margarete: Die Ikonographie der Höllenfahrt Christi von ihren Anfängen bis zum XVI. Jahrhundert. Diss. phil. Göttingen 1948 (Typoskript).

Bender-Bützler: Kleine illustrierte Geschichte der Stadt Köln, von Hans Welter und Helmut Lobeck. 7. Auflage. Köln: Bachem 1986.

Benz, Richard: Die Legenda aurea des Jacobus de Voragine. Aus dem Lateinischen übersetzt von Richard Benz. 10. Auflage. Heidelberg: Lambert Schneider 1984.

Bergmann, Rolf: Aufführungstext und Lesetext. Zur Funktion der Überlieferung des mittelalterlichen geistlichen deutschen Dramas. In: Herman

Braet u. a. (Hrsg.): The Theater in the Middle Ages. Leuven: Leuven University Press 1985, 314–351.

Blosen, Hans: Illustrationerne i et köbenhavnsk manuskript af det senmiddelalderlige tyske dommedagsspil. In: Convivium 1976, 108–133.

Borger, Hugo, Frank Günter Zehnder: Köln. Die Stadt als Kunstwerk. Stadtansichten vom 15. bis 20. Jahrhundert. Köln: Greven 1982.

Bott, Gerhard (Hrsg.): Vor Stefan Lochner. Die Kölner Maler von 1300–1430. Ergebnisse der Ausstellung und des Colloquiums, Köln 1974. (Kölner Berichte zur Kunstgeschichte. Begleithefte zum Wallraf-Richartz-Jahrbuch 1977, Band 1). – Dazu der Ausstellungskatalog: Vor Stefan Lochner. Die Kölner Maler von 1300 bis 1430; Wallraf-Richartz-Museum Köln, 29. März bis 7. Juli 1974. Köln: Wallraf-Richartz-Museum 1974. [Hier finden sich zahlreiche für unser Thema wichtige Beiträge.]

Budde, Rainer: Köln und seine Maler 1300–1500. Köln: DuMont 1986.

Degering, H.: Kurzes Verzeichnis der germanischen Handschriften der Königlichen Bibliothek zu Berlin. 3 Bde. Leipzig: Hiersemann 1925–1932 [Nachdruck Graz 1970].

Demmler, Theodor: Jesus und Johannes. In: Kunst und Künstler 19, 1921, 203–210.

Dorner, Alexander: Meister Bertram von Minden. Berlin: Rembrandt-Verlag 1937.

Filedt Kok, J. P. u. a.: Vom Leben im späten Mittelalter. Der Hausbuchmeister oder Meister des Amsterdamer Kabinetts (Ausstellungskatalog Rijksprentenkabinet/Rijksmuseum Amsterdam 14. März–9. Juni 1985; Städtische Galerie im Städelschen Kunstinstitut Frankfurt am Main, 5. September–3. November 1985). Amsterdam: Rijksmuseum, und Frankfurt am Main: Städtische Galerie im Städelschen Kunstinstitut 1985. [Dem Rijksprentenkabinet Amsterdam danke ich für die Zuvorkommenheit bei der erbetenen Vorlage einzelner Stiche des Hausbuchmeisters zu Vergleichszwecken im Herbst 1989. Im gleichen Zusammenhang danke ich ebenfalls Dr. Horst Reber und Eva Schulz, M. A., vom Landesmuseum Mainz sowie Herrn Daniel Hess, Hanau, der eine Dissertation über den Hausbuchmeister vorbereitet.]

Groten, Manfred: Gerhard vom Wasservass (um 1450–1520). In: Jahrbuch des Kölnischen Geschichtsvereins 52, 1981, 93–130.

Haas, Alois M.: Descensus ad Inferos. Höllenfahrten und Jenseitsvisionen im Mittelalter vor Dante. In ders.: Geistliches Mittelalter. Freiburg (Schweiz): Universitätsverlag 1984, 161–177. [Mit ausführlichen Hinweisen auf die ältere Literatur]

Haas, Alois M.: Todesbilder im Mittelalter. Fakten und Hinweise in der deutschen Literatur. Darmstadt: Wissenschaftliche Buchgesellschaft 1989.

Haenens, Albert d' (Hrsg.): Die Welt der Hanse. Antwerpen: Mercatorfonds, und Genf: Weber 1984.

Hartinger, Walter: Die Wende des Mittelalters. Zur Grundlegung neuzeitlicher Lebensformen im 13./14. Jahrhundert. In: Günter Wiegelmann (Hrsg.): Wandel der Alltagskultur seit dem Mittelalter. Münster: Coppenrath 1987, 23–38.

Haussherr, Reiner: Christus-Johannes-Gruppen in der Bible moralisée. In: Zeitschrift für Kunstgeschichte 1964, 133–152.

Haussherr, Reiner: Über die Christus-Johannes-Gruppen. Zum Problem „Andachtsbilder" und deutsche Mystik. In: Rüdiger Becksmann u. a. (Hrsg.): Beiträge zur Kunst des Mittelalters. Festschrift für Hans Wentzel zum 60. Geburtstag. Berlin: Mann 1975, 79–103.

Hellenkemper, Hansgerd: Pestfriedhof und Ossiaria westlich von St. Alban in Köln. In: Kölner Jahrbuch für Vor- und Frühgeschichte 13, 1972/1973, 172–175 und Tafel 61. Sowie darauf Bezug nehmend: Rembert Watermann: Osteopathologisches zu den Ausgrabungen westlich der Kölner Kirche St. Alban. A. a. O., 176–184 und Tafeln 62–68.

Hutchison, Jane C[ampell]: The Hausbuchmeister: Sources of his style and iconography. Phil. Diss. (Art History), University of Wisconsin 1964.

Irsigler, Franz: Ein großbürgerlicher Kölner Haushalt am Ende des 14. Jahrhunderts. In: Ennen, Edith und Günter Wiegelmann (Hrsg.): Festschrift Matthias Zender. Studien zu Volkskultur, Sprache und Landesgeschichte. Bonn: Röhrscheid 1972, 635–668.

Irisigler, Franz, Arnold Lassotta: Bettler und Gaukler; Dirnen und Henker. Außenseiter in einer mittelalterlichen Stadt. Köln 1300–1600. München: Deutscher Taschenbuch Verlag 1989.

Jaritz, Gerhard: Zwischen Augenblick und Ewigkeit. Einführung in die Alltagsgeschichte des Mittelalters. Wien-Köln: Böhlau 1989.

König, Eberhard: Der historische Stephan Lochner: Dokumente und Werke. In: Stephan Lochner: Gebetbuch 1451. Handschrift 70 der Hessischen Landes- und Hochschulbibliothek Darmstadt. Kommentar von Eberhard König. Lachen am Zürichsee: Coron 1989, 139–143.

Kurth, B.: Zur Christus-Johannes-Gruppe. In: Zeitschrift für Kunstgeschichte 2, 1933, 290–292.

Langer, Otto: Mystische Erfahrung und spirituelle Theologie. Zu Meister Eckharts Auseinandersetzung mit der Frauenfrömmigkeit seiner Zeit. München: Artemis 1987.

Lehmann-Haupt, Hellmut: Schwäbische Federzeichnungen. Studien zur Buchillustration Augsburgs im XV. Jahrhundert. Berlin: de Gruyter 1929.

Loeschcke, Walter: Der Griff ans Handgelenk. Skizze einer motivgeschichtlichen Untersuchung. In: Schlegel, Ursula und Claus Zoege von Manteuffel (Hrsg.): Festschrift für Peter Metz. Berlin: De Gruyter 1965, 46–73.

Reuschel, Karl: Die deutschen Weltgerichtsspiele des Mittelalters und der Reformationszeit. Eine literarhistorische Untersuchung. Leipzig: Avenarius 1906.

Rosenfeld, Hellmut: 'Berliner Weltgerichtsspiel,. In: Kurt Ruh (Hrsg.): Die deutsche Literatur des Mittelalters. Verfasserlexikon, Bd. 1. Berlin: de Gruyter 1978, Spalten 735–737.
Rupprich, Hans: Die deutsche Literatur vom späten Mittelalter bis zum Barock. Erster Teil: Das ausgehende Mittelalter, Humanismus und Renaissance 1370–1520. München: Beck 1970.
Schiller, Gertrud: Die Passion Jesu Christi (= Ikonographie der christlichen Kunst, Band 2). 2. durchgesehene Auflage. Gütersloh: Mohn 1983.
Spamer, Adolf: Das kleine Andachtsbild vom XIV. bis zum XX. Jahrhundert. 2. originalgetreue Auflage. München: Bruckmann 1980.
Stammler, Wolfgang (Hrsg.): Berner Weltgerichtsspiel. Aus der Handschrift des 15. Jahrhunderts (= Texte des späten Mittelalters, Heft 15). Berlin: Schmidt 1962.
Stange, Alfred: Der Hausbuchmeister. Gesamtdarstellung und Katalog seiner Gemälde, Kupferstiche und Zeichnungen. Baden-Baden/Strasbourg: Heitz 1958.
Vogts, Hans: Die Kölner Patriziergeschlechter des Mittelalters als Bauherren und Förderer der Kunst. In: Annalen des historischen Vereins für den Niederrhein insbesondere das alte Erzbistum Köln 155/156, 1957, 501–525.
Wegener, Hans: Beschreibendes Verzeichnis der Miniaturen-Handschriften der Preußischen Staatsbibliothek zu Berlin (= Beschreibendes Verzeichnis der Miniaturen und des Initialschmuckes in den Deutschen Handschriften bis 1500, Band 5). Leipzig: Weber 1928.
Wentzel, Hans: Die Christus-Johannes-Gruppen des 14. Jahrhunderts. Berlin: Mann 1947.
Wentzel, Hans: Die ikonographischen Voraussetzungen der Christus-Johannes-Gruppe und das Sponsa-Sponsus-Bild des Hohen Liedes. In: Heilige Kunst – Jahrbuch des Kunstvereins der Diözese Rottenburg (Stuttgart) 1952, 6–21.
Wentzel, Hans: Unbekannte Christus-Johannes-Gruppen. In: Zeitschrift für Kunstwissenschaft 13, 1959, 155–176.
Wilkinson, John: Jerusalem as Jesus knew it. Archaeology as Evidence. London: Thames and Hudson 1978.
Williams-Krapp, Werner: Überlieferung und Gattung. Zur Gattung ‚Spiel' im Mittelalter. Mit einer Edition von „Sündenfall und Erlösung" aus der Berliner Handschrift mgq 496 (= Untersuchungen zur deutschen Literaturgeschichte, Bd. 28). Tübingen: Niemeyer 1980.
Williams-Krapp, Werner: Zur Gattung 'Spiel, aus überlieferungsgeschichtlicher Sicht. In: Georg Stötzel (Hrsg.): Germanistik – Forschungsstand und Perspektiven. Vorträge des Deutschen Germanistentages 1984. 2. Teil: Ältere Deutsche Literatur, Neuere Deutsche Literatur. Berlin: de Gruyter 1985, 136–143.
Zaske, Nikolaus und Rosemarie: Kunst in Hansestädten. Köln: Böhlau 1986.

Ziemke, Hans-Joachim: Altdeutsche Tafelmalerei im Städel. Frankfurt am Main: Städelsches Kunstinstitut und Städtische Galerie 1985.

Zu 3. Oberrhein, zweite Hälfte 15. Jahrhundert

Zur lateinischen Originalversion der Spruchbänder und ihren deutschen Übersetzungen: Da jener Handwerker, der die Druckstöcke für die Berliner Blockbuch-Ausgabe herstellte und dabei die künstlerischen Vorlagen in Holzschnitte umsetzte, wahrscheinlich nicht Latein verstand, sind ausgelassene oder vertauschte Buchstaben sowie offensichtlich fehlerhafte Wörter nicht selten. Auch stehen Abbreviaturen nicht immer exakt an jener Stelle, an der sie eigentlich stehen sollten, um einen Sinn zu ergeben. Aus diesen Gründen sind sowohl lateinische Lesart wie auch deutsche Übersetzung im folgenden nicht immer über alle Zweifel erhaben. Da ich in den Lehrveranstaltungen viel Zeit auf die Entzifferung wie Deutung der Spruchbänder verwendet habe, diese in den Umzeichnungen jedoch – analog zu den Kupferstich-Fassungen – wegließ, führe ich anschließend die wahrscheinlichsten lateinischen wie deutschen Versionen einzeln an. Bei der Ausformulierung der dritten Geschichte habe ich bisweilen jedoch eine zwar sinngemäße, sprachlich aber freiere Übersetzung gewählt. Für manchen Rat und Hilfe danke ich Dr. Wolfgang Maaz vom Seminar für Mittellateinische Philologie und Rezeptionsgeschichte des lateinischen Mittelalters an der Freien Universität Berlin sowie Dres. Gerard Achten und Eva Bliembach von der Handschriften-Abteilung der Staatsbibliothek Preußischer Kulturbesitz Berlin für ihre Zuvorkommenheit und Hilfsbereitschaft über viele Jahre. Ein eigenes Dankeschön geht sodann an das Rijksmuseum Meermanno-Westreenianum in Den Haag für die Ermöglichung von Studien an einem kolorierten Ars moriendi-Exemplar in niederländischer Sprache: Sterfboek of die conste van sterven. Zwolle: Peter van Os 1488, und an Dr. W. T. J. M. Kuiper vom Institut für Niederlandistik an der Universität Amsterdam für Mithilfe bei der Deutung der darin enthaltenen Spruchbänder.

1. Bild: Temptatio de fide (Versuchung im Glauben):
„Infernus factus [= fractus] est“ = „Die Hölle ist zerbrochen“; „Es gibt keine Hölle“.
„Fac sicut pagani“ = „Mach's wie die Heiden“; „Mach's den Heiden nach“.
„Interficias teipsum“ = „Bring‘ dich um“; „Töte dich selbst“.

2. Bild: Inspiratio de fide (Ermutigung im Glauben):
„Sis firmus in fide“ = „Dein Glaube stärke dich“; „Sei stark im Glauben“.
„Victi sumus“ = „Wir sind überwunden“; „Wir sind besiegt“.
„Frustra laboramur“ = „Grundlos leiden wir“; „Es ist vergeblich“.
„Fugiamus“ = „Laßt uns fliehen“.

3. Bild: De desperatione (Versuchung durch Verzweiflung):
„Fornicatus es“ = „Du bist ein Ehebrecher“; „Du bist unzüchtig gewesen“.
„Periurus es“ = „Du bist ein Eidbrüchiger“; „Du warst meineidig“.
„Occidisti“ = „Du warst ein Mörder“; „Du hast getötet“.
„Auare vixisti“ = „Du warst ein Geizhals“; „Du warst unersättlich“; „Du hast geldgierig gelebt“.
„Ecce peccata tua“ = „Siehe, deine Sünden“; „Dies ist dein Sündenregister“.

4. Bild: De spe (Trost durch Zuversicht):
„Nequaquam desperes“ = „Du solltest durchaus nicht verzweifeln“; „Du mögest in keiner Weise verzweifeln“.
„Victoria michi [sic!] nulla“ = „Mir [ist] kein Sieg“; „Ich siege nicht“.

5. Bild: De impatientia (Versuchung durch Ungeduld):
„Quam bene decepi eum“ = „Wie gut ich ihn irregeleitet habe“; „Wie tüchtig habe ich ihn getäuscht“; „Welch, gute List habe ich benutzt“.
„Ecce quantam penam [= poenam] patitur“ = „Siehe, welche Strafe er duldet“.

6. Bild: De patientia (Trost durch Geduld):
„Labores amisi“ = „Ich habe die Drangsal aufgegeben“; „Meine Mühen sind verloren“.
„Sum captiuatus“ = „Ich bin gefangen“; „Ich bin gelähmt“.

7. Bild: De vana gloria (Versuchung durch Hochmut):
„Tu es firmus in fide“ = „Du bist gesichert durch deinen Glauben“; „Du bist stark im Glauben“.
„In paciencia perseuerasta [= perseverasti]“ = „Du hast dich in Geduld geübt“; „Du hast standhaft in Genügsamkeit verharrt“.
„Coronam meruisti“ = „Du hast den Ehrenkranz verdient“; „Du hast die Krone verdient“.
„Exalta teipsum“ = „Erhöhe dich selbst“.
„Gloriare“ = „Sei hochmütig“.

8. Bild: Contra vanam gloriam (Trost durch Demut):
„Sis humilis“ = „Du solltest demütig sein!“; „Bleibe demütig!“.
„Victus sum“ = „Ich wurde besiegt“; „Ich bin besiegt“.
„Superbos punio“ = „Ich (be-) strafe die Hochmütigen“; „Die Stolzen bestrafe ich“.

9. Bild: De avaritia (Versuchung durch zeitliche Güter):
„Prouideas amicis“ = „Kümmere dich um die Vertrauten“; „Du solltest Vorkehrungen für die Vertrauten treffen“.
„Intende thesauro“ = „Richte deine Aufmerksamkeit auf die Vorräte“; „Beschäftige dich mit deinen Schätzen“.

10. Bild: Contra avaritiam (Trost durch Abwendung vom Irdischen):
„Non sis auarus" = „Sei nicht geizig"; „Sei nicht geldgierig".
„Ne intendas amicio [= amicis]" = „Richte deine Aufmerksamkeit nicht auf die Vertrauten".
„Quid faciam" = „Was soll ich tun?"; „Was soll ich bloß machen?"

11. Bild: Die Todesstunde:
„Animam amisimus" = „Wir haben die Seele verloren"; „Wir haben uns die Seele entgehen lassen".
„Furore consumor" = „Ich werde durch Zorn verzehrt"; „Ich werde durch Wut dahingerafft".
„Heu insanio" = „Wehe, ich tobe"; „Wehe mir, ich rase".
„Confusi sumus" = „Wir sind aus der Fassung gebracht worden"; „Wir sind verwirrt".
„Spes nobis nulla" = „Uns bleibt keine Hoffnung".

Zum ‚Ars moriendi'-Gelehrtenstreit um 1900

Ausgebrochen war der Streit über der Frage, welche Version der elf ‚Ars moriendi'-Bilder zuerst gewesen sei, ob die Kupferstichfolge oder die Holzschnittausgabe. Mehr als vierhundert Jahre nach der ersten Drucklegung hatte diese Frage gegen Ende des 19. Jahrhunderts dadurch Auftrieb erhalten, daß die um 1450 entstandene früheste Holzschnittfassung 1881 als Faksimile veröffentlicht wurde. (Eines der damals gedruckten Exemplare befindet sich im Kupferstichkabinett in Berlin-Dahlem, vgl. Rylands 1881.) Zuvor war es mühsam gewesen, das einzig erhaltene Holzschnitt-Exemplar in der Bibliothek des Britischen Museums in London einzusehen. Die Faksimile-Edition erleichterte nun den Vergleich mit den Kupferstichen des Meisters E. S., der bis damals vielfach als „Erfinder" der ‚Ars moriendi'-Illustrationen gegolten hatte. Zwar ist die elfteilige Kupferstichserie ebenfalls nur ein einziges Mal komplett vorhanden, nämlich im Ashmolean Museum in Oxford. Einzelblätter gibt es jedoch auch andernorts. So existiert im Berlin-Dahlemer Kupferstichkabinett das erste Blatt mit der ‚Versuchung im Glauben' (Inventar-Nummer 369–1, Größe: 91 × 69 mm; vgl. Bevers 1987, 74–76).

Als erster deutscher Gelehrter meldete sich Max Lehrs zu Wort, der seit 1883 am Dresdner Kupferstich-Kabinett tätig war. 1890 publizierte er eine Studie über den ‚Künstler der Ars moriendi und die wahre erste Ausgabe derselben' (Lehrs 1890). Zum Streit kam es, als 1899 der Leipziger August Schmarsow von seiner Warte aus als Kunsthistoriker Stellung bezog. Anfänglich äußerte er sich zwar durchaus anerkennend über die Leistungen Lehrs, „dessen Umsicht und Sachkenntnis wir schon manche glückliche Bereicherung auf diesem Gebiet verdanken" (Schmarsow 1899, 2; die folgenden Zitate stammen aus dem ganzen Aufsatz, 1–29). Die wohlwollenden Worte zu Beginn konnten allerdings nicht darüber hinwegtäuschen, daß er sich anschließend mit den Folgerungen Lehrs grundsätzlich nicht einverstanden erklären mochte, insbesondere nicht mit dessen Meinung, „daß die einzig erhaltene Folge von Stichen des Meisters E. S. in Oxford als die wahre Editio princeps der Ars moriendi anzusehen sei, während die Bildtafeln des Blockbuches wenig mehr als vergrößerte Kopien der gestochenen Originale darstellen".

Nachdem Schmarsow beide Versionen studiert hatte, war er zum entgegengesetzten Schluß gekommen: die Holzschnitte waren zuerst gewesen; die Kupferstiche des Meisters E. S. mußten später entstanden sein. Er untermauerte seine Folgerungen mit drei Sachargumenten. Zum einen stellte er fest, daß die etwa fünf Mal so große Seitenfläche eines Blockbuches dem Künstler der Holzschnitte viel mehr Spielraum zum Ausleben seiner Phantasie einräumte, als dies das kleine Format der Kupferstiche mit ihren bloß etwa 90 × 70 Millimetern tat. Um den Einfallsreichtum und die Originalität des Holzschnitt-Urhebers unter Beweis zu stellen, führte Schmarsow in seiner Publikation seitenweise Einzelheiten an, auf die er in den Holzschnitten gestoßen war und auf die zu achten es sich für uns noch heute lohnt: von den „eckigen Bettpfosten mit oder ohne Pyramidalspitze oder Kugel darauf" und „der Säule mit dem Götzenbild oben" über den „Teufelsspuk der Hölle" und die „Schemen der Vorstellungswelt mit ihrer vollen Leibhaftigkeit" oder „die Heiligen mit ihren greifbar nahen Attributen in der Hand" bis hin zu den „Erinnerungsbildern längst verflossener Sünden in vollendeter Hallucination". Ferner lenkt er unser Augenmerk auf die „charaktervolle Zeichnung alles Figürlichen, die selbst bei Teufelsfratzen zur Bewunderung hinreißt, die großartige raumschaffende Kraft, diese dreidimensional gedachte Gestaltenbildung". Er forderte den Leser ebenso überschwänglich wie beschwörend auf: „Man vergleiche doch tatsächlich einmal die Typen und das Mienenspiel dieser Köpfe von Menschen, Heiligen und Teufeln, die Gestaltenbildung im übrigen und die mimische Kraft, die dem Gebaren oder der Haltung dieser Figuren, in ruhigem Dastehen oder lebendigster Bewegung innewohnt". Kurzum, Schmarsow charakterisierte den erfinderischen Künstler dieser Holzschnitte als einen „Eroberer der Wirklichkeit".

Zum andern kam auch er auf jenen merkwürdigen Umstand zu sprechen, daß nämlich „nur einmal, auf der letzten Bildtafel des Blockbuches, das sonst durchgehende Grundschema der Komposition verlassen, das heißt umgekehrt und somit das Sterbebett aus der einen Diagonale der Bildfläche in die andere verschoben wird, so daß es mit dem Kopfende nach der linken Seite steht". In der Kupferstich-Folge des Meisters E. S. ist das Bett auf dem letzten Blatt dagegen in derselben Diagonale wie in den vorangehenden zehn wiedergegeben. Als *Kunsthistoriker* mit einem *weiteren* Blickfeld gibt nun Schmarsow zu bedenken: „Gegen alle Tradition stehen dann aber Maria und Johannes auf den verkehrten Seiten des Kreuzes. In der Kunst des späteren Mittelalters ist aber die ‚richtige' Seite dermaßen typisch, das heißt Maria steht immer zur Rechten des Gekreuzigten, Johannes links. Zudem trägt dann beim E. S. mit der ‚richtigen' Bettdiagonale der Sterbende seine Kerze plötzlich in der linken Hand! Im Holzschnitt dagegen gibt der Priester dem Sterbenden die Kerze, wohl dem Ritus angemessener, in die rechte Hand". Aber auch abgesehen hiervon scheint ihm die Umkehrung auf dem elften Blatt nur folgerichtig: „Auf die fünf Paare korrespondierender Glieder folgt als Einzeldarstellung im elften Blatt der Triumph über alle Versuchungen in der Todesstunde, wie ein Abgesang. Dieser Schlußakt gehört auf das letzte Blatt als Kehrseite aller vorangegangenen. ‚Das Blatt hat sich gewendet', sagt das Volk noch heute. Hier lautet die Rede: ‚Ende gut, Alles gut!' – Diesem Platz der Darstellung auf der letzten Seite des Heftes von Holztafeldrucken entspricht auch die Umkehrung der Komposition so notwendig, so sachgemäß und zugleich künstlerisch so wirksam für das Gefühl, das im Betrachter erzeugt werden soll, – daß wir uns wundern, wieso seinen Kennern das Bewußtsein von dieser psychologischen Veranstaltung nicht aufgegangen sein sollte".

Als letztes Argument führt er schließlich die erläuternden Schriftbänder ins Feld, die nur in den Holzschnitten, nicht jedoch in den Kupferstichen des E. S. vorkommen: „Die Holzschnitte des Blockbuches enthalten im Bilde selbst eine Anzahl von Schriftbändern, deren Legende die notwendigen Winke zur Erklärung darbietet. Auf den Kupferstichen fehlen sie begreiflicherweise schon wegen des kleinen Formates. Sollten wir dem Laien damaliger Zeit, und sei auch nur an die oberen gebildeteren Kreise als Käufer gedacht, ohne Weiteres die Fähigkeit zutrauen, die einzelnen Momente der Darstellung, auf die es ankommt, richtig zu erfassen?" Schmarsow verneint diese Möglichkeit: „Ohne die Hülfe des Wortes würde der lehrhafte Zweck hier nicht erreicht", denn „ohne die erklärenden Beischriften sind diese Stiche mit der vielfach unklaren Gestikulation ihrer Figuren nicht verständlich".

Auf die profunde Studie Schmarsows reagierte als erster der Berliner Museumsfachmann und Holzschnittspezialist Ludwig Kaemmerer mit einer geharnischten, streckenweise mehr bösartigen als satirischen Entgegnung. Seine Sprache hört sich merkwürdig gewunden und maliziös an: „Professor August Schmarsow glaubte die Würde der Kunstgeschichtsforschung wahren zu sollen, indem er es unternahm, die Frage nach der Erfindung der Darstellungen aus der ars moriendi von einem Standpunkt zu beantworten, zu welchem der beschränkte ‚Ikonographen'-Verstand sich niemals zu erheben vermochte. Nachdem so von oben her ein Strahl in den tiefen Schacht der Frage geworfen, in dem bisher nur geschulte Bergleute zu schürfen wagten, wird man vielleicht auch einer Stimme von unten Gehör gönnen. Zuvörderst bekenne ich, daß das so hoch aufgesteckte Licht den an die trübe Grubenlampe der Kupferstichkunde Gewöhnten mehr blendet als erleuchtet. Es züngeln allerlei ästhetische und geschichtsphilosophische Nebenlichter daraus hervor, und ein Dunstkreis von vieldeutigen, hochtönenden, hie und da überflüssigen Worten verschleiert die Stichflamme mehr als gut. Doch ich will den letztgerügten Überfluß – oder Mangel? – hier nicht weiter parodieren, vielmehr im trockenen Ton des Ikonographen der Streitfrage und den Streitern gerecht zu werden versuchen.

Die einzelnen Argumente Schmarsows für das künstlerische Übergewicht der Holzschnittfolge verlieren erheblich an Kraft, wenn man sie der emphatischen Ausdrucksweise entkleidet, die der Verfasser beliebt. Er supponiert dem Künstler der ars moriendi, der die Gestalten der Heiligen Dämonen am Bett des Sterbenden in greifbarer Körperlichkeit darstellt, die Absicht, damit die Lebendigkeit fiebrischer Hallucination andeuten zu wollen, während dem Ikonographen einzig die Unfähigkeit, visionäre Erscheinungen mit den Ausdrucksmitteln der graphischen Kunst jener Zeit zu schildern, als Grund solcher ‚eingefleischt realistischen' Auffassung erscheint. Das Fehlen der Schriftbänder auf den Kupferstichen läßt nach Schmarsow die Darstellung unverständlich erscheinen. Für den Laien des 15. Jahrhunderts hat dies Bedenken eines Professors aus dem 19. Saeculum offenbar nicht existiert.

Offenbar waren die Stiche des Meisters E. S. bestimmt, an Stelle der Miniaturen in Handschriften der Ars moriendi eingeklebt zu werden. Die Darstellungen müssen zu jener Zeit offenbar dem Betrachter schon so geläufig gewesen sein wie etwa die Scenen der Passion oder die zehn Gebote".

Genau wie Lehrs – und eben grundsätzlich anders als Schmarsow – ist auch Kaemmerer schließlich der Ansicht: „Das Blockbuch behauptet seinen angeblich ‚weit überlegenen Anspruch auf Originalität' mit Unrecht, selbst wenn die Vertreter der ‚höheren Kunstwissenschaft' sich weiterhin um die stille Arbeit der Ikonographen nicht kümmern sollten. Eine obrigkeitliche Kontrolle solcher Arbeit – vollends in dem hochfahrenden Ton, den Professor Schmarsow anzuschlagen für gut befand – wird eher Widerspruch herausfordern, als Nutzen stiften" (Kaemmerer 1899/1900, Zusammenfassung der Seiten 225–229).

Nur wenig später und bereits auf Kaemmerer Bezug nehmend, doppelte Max Lehrs aus Dresden nach, wobei er seinem Berliner Kollegen an Giftigkeit in nichts nachstand: „Schmarsow's Argumentationen, die, mit hochschulmeisterlicher Emphase vorgetragen, das Thema auf ein geschichtsphilosophisches und ästhetisches Gebiet hinüberzuspielen suchen, dafür aber in ihrer museumsfernen Methodik die für solche Untersuchungen wünschenswerte gründliche Kenntnis der Denkmale leider fast gänzlich vermissen lassen, sind denn auch alsbald von Ludwid Kaemmerer widerlegt und zurückgewiesen worden. Schon die Art, wie der Leipziger Gelehrte den alten mehr oder minder guten, immer aber doch handwerklich schlichten Stechern und Holzschneidern seine modernen, theoretischen Kunstanschauungen unterlegt, überall, selbst in den nichtigsten Zufälligkeiten der Darstellung eine bewußte Absicht wittert und ihnen tiefe Bedeutsamkeit beimißt, muß Widerspruch eines Jeden herausfordern, der sich eingehender mit der Kunst des 15. Jahrhunderts beschäftigt hat. Schmarsow bezeugt mit einigen ziemlich nichtssagenden Bemerkungen nur, daß seine Kenntnis des außerhalb der hier diskutierten Ars moriendi liegenden ES-Werkes eine sehr unzureichende ist, auch wenn sich Schmarsow noch so viel Mühe gibt, die Bedeutung dieses Meisters herabzudrücken, ihn als einen gedankenarmen, handwerklichen Tropf darzustellen.

Nein, das schmeckt doch zu sehr nach Kathederweisheit, und die lag sicherlich den frommen Gemeindegliedern des 15. Jahrhunderts gänzlich fern. Alles was Schmarsow zum Lobe der Bandrollen vorbringt über das ‚decorative Geschick der sie entwerfenden Künstlerhand', ihr Erscheinen als ‚nothwendige Emanationen der Figuren', als ‚Ausläufer der Gesticulation und Bewegung der Gestalten' ist im Grund doch nur Wortgepränge gelehrter Rede, bei dem man sich Alles oder Garnichts denken mag".

Kurzum, Lehrs bekräftigt auf der letzten Aufsatzseite nochmals seinen alten Standpunkt: „Das Urbild aller xylographischen Ausgaben der Ars moriendi bilden die elf Kupferstiche des Meisters ES in Oxford". Als Quintessenz ist dieser abschließende Satz sogar gesperrt gedruckt – damit es sich nun auch der letzte Leser endlich merke und einpräge!

Doch die Antwort von Schmarsow ließ nicht auf sich warten. Auch er trat nun weitgehend aus seiner Reserve heraus. Die Schreibweise wirkt diesmal streckenweise äußerst gereizt und aggressiv: „Die Frage nach der Priorität des Blockbuches ‚Ars moriendi' oder der Kupferstichfolge zur Sterbenskunst vom Meister E. S. bliebe am besten, sollte man meinen, dem Urteil der wenigen bevorzugten Kenner überlassen, die in einem Kupferstichkabinett leben und in zahlreichen anderen, kleinen wie großen Sammlungen für graphische Kunst berufsmäßig zu Hause sind. Indes die Enge oder die Weite des Horizontes übt unwillkürlich ihren Einfluß auf die Entscheidung auch eines solchen Spezialfalles aus, selbst in dem geschlossenen Ring der Museumsbeamten, die solche Angelegenheiten unter sich ausmachen wollen. Max Lehrs versucht den Lesern vorzuspiegeln, der Leipziger Gelehrte [also Schmarsow], der sich unterfangen habe, in solche ‚interne' Angelegenheit der Kupferstichkunde dreinzureden, stehe selbst auf einem veralteten Standpunkt. Ob die Leser diesem Leumund ihr Ohr leihen werden, weiß ich nicht. Lehrs hat sicher nicht bemerkt, wie ihn sein Eifer pro domo zur Carricatur fortreißt".

Zwischendurch fing sich ‚der Leipziger Gelehrte' wieder auf und gab sich versöhnlich: „Die umfassende Angelegenheit, um die es sich handelt, geht uns Alle gleichermaßen an, und in Anbetracht menschlicher Schwächen auf beiden Seiten, wäre das Rathsamste jedenfalls, daß man sich brüderlich ergänze mit dem, wozu es auf jeder Seite reichen mag. Das geht freilich ohne eine Dosis klärender Selbstironie nicht an, und dazu besitzt nur selten Einer die Freiheit des Gemüths".

Doch dann brach es erneut aus ihm los. Er legte sich keine Zügel mehr an. In der Folge wimmelt es nur so von persönlichen Ausfällen: „Lehrs hat gar nicht begriffen ...". „Seine Aussage ist grundfalsch ...". „Der seltsame Ausdruck Lehrs, als Vorwurf gegen mich gerichtet, ist nichts anderes als eine lächerliche Gedankenlosigkeit ...". „Mit der gänzlich unmotivierten Arroganz Kaemmerer's mag ich überhaupt nichts zu schaffen haben ...".

„Lehrs scheint in seiner absprechenden Weise eine Verständigung mit dem ‚Hochschulmeister' gar nicht zu wollen ...". „Glücklicher Weise gibt es mehr Dinge in der Kunstgeschichte, als die Hüter unserer Kupferstichsammlungen in ihrer Ecke sich träumen lassen ...". „... dieser Museumsbeamte mit seinen Scheuklappen an beiden Augen ...". „Und solche Ammenmärchen sollen wir dem Spezialisten des Meisters E. S. in Dresden glauben?" „... armseliges Gezänk und Antipathie der Museumsbeamten gegen die Kunsthistoriker an unseren Hochschulen. Für mich ist diese Kluft nie dagegewesen. Es erscheint mir sogar als unverantwortliche Gesinnung wider die gemeinsame Sache der Kunstwissenschaft, der wir alle dienen, wenn Lehrs und Kämmerer diesen Spuk wieder aufzuwärmen versuchen" (Schmarsow 1900, verschiedene Belege der Seiten 123–142).

Mit diesen bösen Zitaten soll es hier sein Bewenden haben. Die Wogen beruhigten sich allmählich wieder, auch wenn der Streit um die Urheberschaft der ‚Ars moriendi'-Illustrationen selbst fünfzig Jahre später, ja bis heute noch immer nicht endgültig entschieden ist. So schlug sich zum Beispiel der Kunsthistoriker Heinrich Theodor Musper 1950 erneut entschieden auf die Seite von Schmarsow (der 1895 geborene Musper war damals Direktor der Staatsgalerie Stuttgart): „Es erübrigt sich, ausführlicher auf die früheren Kontroversen über das Thema, die nicht ohne persönliche Empfindlichkeiten und Schwächen, aber nicht immer mit der allein angebrachten Sachlichkeit geführt wurden, einzugehen. Ich möchte aber hervorheben, daß ein sicherer Instinkt einen, was Detailkenntnisse anbetrifft, weniger bewanderten, aber geistig überlegenen Forscher wie August Schmarsow schon vor gerade fünfzig Jahren richtig leitete, der in einer ausführlichen geistvollen Abhandlung das meiste schon gesagt hat, was hier zu sagen ist.

Aber er hat in den Wind geredet, obwohl er sozusagen mit Engelszungen redete und alle Register zog, die damals überhaupt gezogen werden konnten. Es lag an der Überschätzung der Tätigkeit von Spezialisten und Materialkennern – Jacob Burckhardt nennt sie allzu despektierlich die Attribuzzler – wie Schreiber, Lehrs, Geisberg, Kaemmerer, Kristeller etc., die in ihren Sondergebieten nicht zu bestreitende große, ja sehr große Verdienste haben, deren Stärke aber nun einmal nicht in der künstlerischen Urteilskraft bestand, wenn bis heute die Wahrheit sich keine Bahn brechen konnte. Die Erfahrung lehrt, daß Schmarsows Leistung verpuffte und seine trefflichen Argumente trotz der erschreckenden Verwirrung in den Köpfen seiner Gegner sich keine Überzeugung zu verschaffen vermochten.

So muß ein neuer Weg eingeschlagen und die Sache noch einmal durchexerziert werden. Vergleichen wir zu diesem Zweck die Holzschnitte und die Kupferstiche in der Weise, daß zwar nicht alle Unterschiede, aber die für die Frage der Priorität charakteristischen herausgehoben werden". Und nachdem Musper das in aller Ausführlichkeit getan und Pro und Contra gegeneinander abgewogen hatte, kam er zum Ergebnis: „Nimmt man alles zusammen, so ergibt sich mit völliger Klarheit: das Blockbuch ist früher, die Stiche des Meisters E. S. sind später. Sie sind nach den Holzschnitten kopiert und im Maßstab etwa auf ein Viertel reduziert. Die Holzschnitte stellen bedeutende schöpferische Kunstleistungen dar, die Stiche keineswegs, wenn ihnen auch ein gewisser Wert und Rang als Arbeit eines so hervorragenden Stechers wie des Meisters E. S. zukommt. Der Meister E. S. selbst hat dieses Urteil vorweggenommen: Indem er die Holzschnitte als Vorbilder anerkannte, beugte er sich dem Genius des älteren Meisters" (Musper 1950, 57–65; vgl. auch Musper als Betreuer der Neuauflage von Schreibers Handbuch der Holz- und Metallschnitte des XV. Jahrhunderts: Schreiber 1976).

Die jüngsten Publikationen zur immer noch anhängigen Frage geben sich inzwischen gelassener. Sie hat ihre Brisanz offensichtlich verloren. Für die heutigen Fachgelehrten handelt es sich nicht länger um eine ‚Existenz- und Glaubensangelegenheit'. Nicht einmal der Verfasser des wissenschaftlichen Kataloges zur jüngsten Meister E. S.-Ausstellung nähme noch länger die Urheberschaft der ‚Ars moriendi'-Illustrationen für ‚seinen' Kupferstecher in Anspruch. Vielmehr hört sich das heutige Urteil – nach all dem Gezänk, von dem wir vernahmen – beinahe salomonisch an. Was schon früher ab und zu in Erwägung gezogen wurde, scheint für die meisten Spezialisten mittlerweile zur Gewißheit gereift: „Es kann kein Zweifel daran bestehen, daß der Ursprung aller gedruckten ‚Ars moriendi'-Illustrationen in älterer Buchmalerei liegt. Die Existenz von illustrierten Bilderhandschriften spricht wohl dafür, daß der Meister E. S. unmittelbar auf ältere (deutsche oder franko-flämische?) Buchmalereien zurückgegriffen hat, wie das bei ihm häufig der Fall war. Möglicherweise waren die Stiche als Vorlageblätter für Buchmaler bestimmt; ihre Verwendung hierfür wurde aber mit der etwa gleichzeitig einsetzenden Blockbuchproduktion der ‚Ars moriendi' hinfällig" (Bevers 1987, 76).

Wie hieß es doch oben bei Schmarsow: „Die umfassende Angelegenheit, um die es sich handelt, geht uns Alle gleichermaßen an". Wie kann man sich bei der Beschäftigung mit der ‚Ars moriendi', der Kunst des Sterbens *und* des Lebens, bloß dermaßen verzetteln und den Wald vor lauter Gesträuch nicht mehr sehen!

Literaturhinweis:

Achten, Gerard unter Mitarbeit von Eva Bliembach: Das christliche Gebetbuch im Mittelalter: Andachts- und Stundenbücher in Handschrift und Frühdruck. 2., verbesserte und vermehrte Auflage, Berlin: Staatsbibliothek Preußischer Kulturbesitz 1987.

Bevers, Holm: Meister E. S. – Ein oberrheinischer Kupferstecher der Spätgotik. (Ausstellungskatalog: Staatliche Graphische Sammlung München, 10. 12. 1986–15. 2. 1987; Kupferstichkabinett Berlin der Staatlichen Museen Preußischer Kulturbesitz, 11. 4.–14. 6. 1987). München: Staatliche Graphische Sammlung 1987.

Chartier, Roger: Les arts de mourir, 1450–1600. In: Annales E.S.C. 31, 1976, 51–75.

Cust, Lionel: The master E.S. and the ‚Ars moriendi‚. A Chapter in the History of Engraving during the XVth Century with Facsimile reproductions of engravings in the University Galleries at Oxford and the British Museum. Oxford: Clarendon Press 1898.

Dutuit, Eugène: Manuel de l'amateur d'estampes. Introduction générale contenant un essai sur les plus anciennes gravures et les estampes en manière criblée, sur les livres xylographiques et les livres à figures du XVe siècle. Tome I: Introduction générale. Amsterdam: Hissink 1970 (= Réimpression de l'édition Paris 1884).

Falk, Franz: Die deutschen Sterbebüchlein von der ältesten Zeit des Buchdruckes bis zum Jahre 1520. Köln: Bachem 1890. Unveränderter Nachdruck: Amsterdam: Rodopi 1969.

Fischel, Lilli: Die Karlsruher Passion und ihr Meister. Karlsruhe: Braun 1952.

Fischer, Balthasar: Ars moriendi. Der Anselm von Canterbury zugeschriebene Dialog mit einem Sterbenden. Ein untergegangenes Element der Sterbeliturgie und der Sterbebücher des Mittelalters. In: Hansjakob Bekker, Bernhard Einig, Peter-Otto Ullrich (Hrsg.): Im Angesicht des Todes. Ein interdisziplinäres Kompendium, Band 2 (= Pietas Liturgica 4). Erzabtei St. Ottilien: EOS-Verlag 1987, 1363–1370.

Geisberg, Max: Der Meister E.S. (= Meister der Graphik, hrsg. v. Hermann Voss, Bd. X). Zweite Auflage. Leipzig: Klinkhardt und Biermann o.J. (1950/51).

Heinz-Mohr, Gerd: Ars Moriendi. III. Praktisch-theologisch. In: Gerhard Krause und Gerhard Müller (Hrsg.): Theologische Realenzyklopädie, Bd. IV. Berlin: de Gruyter 1979, 154–156.

Kaemmerer, Ludwig: Ars moriendi rediviva. Eine Antikritik. In: Zeitschrift für Bücherfreunde 3, 1899/1900, 225–229.

Lehrs, Max: Der Künstler der Ars Moriendi und die wahre erste Ausgabe derselben. In: Jahrbuch der königlich preußischen Kunstsammlungen 11, 1890, 161–168.

Lehrs, Max: Noch einmal die Ars moriendi. In: Repertorium für Kunstwissenschaft 22, 1899, 458–471.

Mellinkoff, Ruth: The Horned Moses in Medieval Art and Thought. Berkeley, Los Angeles, London: University of California Press 1970. [Vgl. dazu die Rezensionen von Karla Langedijk in: The Art Bulletin 54, 1972, 544–546 und von Adelheid Heimann in: Zeitschrift für Kunstgeschichte 37, 1974, 284–288.]

Musper, Heinrich Theodor: Die „Ars moriendi" und der Meister E.S.. In: Gutenberg-Jahrbuch 1950, 57–65.

O'Connor, Sister Mary Catharine: The Art of Dying Well. The Development of the Ars moriendi. New York: Columbia University Press 1942. [Reprint: New York: AMS Press 1966]

Rosenfeld, Hellmut: Die Ars moriendi im Wettstreit zwischen Kupferstich- und Holzschnittkunst. In: Aus dem Antiquariat 42, 1986, A127-A130.

Rudolf, Rainer: Ars Moriendi. Von der Kunst des heilsamen Lebens und Sterbens (= Forschungen zur Volkskunde, hrsg. v. Georg Schreiber, Bd. 39). Köln: Böhlau 1957.

Rudolf, Rainer: Ars Moriendi. I. Mittelalter. In: Gerhard Krause und Gerhard Müller (Hrsg.): Theologische Realenzyklopädie, Bd. IV. Berlin: de Gruyter 1979, 143–149.

Rylands, W. Harry (Ed.): The Ars Moriendi. Editio Princeps, circa 1450. A Reproduction of the Copy in the British Museum. With an Introduction by George Bullen, Keeper of the Printed Books in the British Museum. Printed for the Holbein Society by Wyman & Sons, Great Queen Street, London 1881. [Benutztes Exemplar: Staatliche Museen Preußischer Kulturbesitz Berlin, Kupferstichkabinett, Signatur: XXXVI B 6.]

Saxl, F., unter Mitwirkung von Otto Kurz: A spiritual encyclopaedia of the later middle ages. In: Journal of the Warburg and Courtauld Institutes 5, 1942, 82–142.

Schmarsow, August: Der Meister E.S. und das Blockbuch „Ars moriendi". In: Berichte über die Verhandlungen der Königlich Sächsischen Gesellschaft der Wissenschaften zu Leipzig, philologisch-historische Classe 51, 1899, 1–29.

Schmarsow, August: Ist der Bildercyklus „Ars moriendi" deutschen oder niederländischen Ursprungs? In: Repertorium für Kunstwissenschaft 23, 1900, 123–142.

Schreiber, Wilhelm Ludwig: Manuel de l'amateur de la gravure sur bois et sur métal au XVe siècle. Tome quatrième contenant un catalogue des livres xylographiques et xylo-chirographiques indiquant les différences de toutes les éditions existantes avec des notes critiques, bibliographiques et iconologiques. Leipzig: Otto Harrassowitz 1902, 253–313.

Schreiber, Wilhelm Ludwig: Handbuch der Holz- und Metallschnitte des XV. Jahrhunderts. Manuel de l'amateur de la gravure sur bois et sur métal au XVe siècle. Dritte Auflage; vollständiger Neudruck des Gesamtwerkes. Band XI: Tafelband = völlig neubearbeitete und stark erweiterte Ausgabe von Band VI–VII der Erstauflage: Der Einblattholzschnitt und die Blockbücher des XV. Jahrhunderts. Ausgewählt, eingeleitet und beschrieben von Heinrich Theodor Musper. Stuttgart: Anton Hiersemann 1976.

Schreiber, Wilhelm Ludwig mit Ergänzungen von Hildegard Zimmermann: Ars moriendi (Ars bene moriendi, Speculum artis bene moriendi, Spiegel der Kunst wohl zu sterben, auch kurz Sterbebüchlein genannt). In: Reallexikon zur deutschen Kunstgeschichte, hrsg. v. Otto Schmitt, Bd. I. Stuttgart: Metzler 1937, Spalten 1121–1127.

Schuler, Peter-Johannes: Das Anniversar. Zu Mentalität und Familienbewußtsein im Spätmittelalter. In: Peter-Johannes Schuler (Hrsg.): Die Familie als sozialer und historischer Verband. Untersuchungen zum Spätmittelalter und zur frühen Neuzeit. Sigmaringen: Thorbecke 1987, 67 bis 117.

Tenenti, Alberto: La vie et la mort à travers l'art du XVe siècle (= Cahiers des Annales, 8). Paris: Colin 1952.

Thode, Henry: Das Blockbuch „Ars moriendi" eine Nürnberger Schöpfung. In: Repertorium für Kunstwissenschaft 22, 1899, 364–370.

Zerner, Henri: „L'art au morier". In: Revue de l'Art 11, 1971, 7–30.

Zu 4. Schweden, 1760er Jahre

Ausgangspunkt: Eine 16seitige Aufklärungsbroschüre des Königlich-Schwedischen Collegium Medicum mit dem Titel „Späda Barns Nödiga Ans och Skötsel, Alla Christeliga Föräldrar åliggande" (zu deutsch: „Über die notwendige Pflege und Behandlung von Neugeborenen, so wie sie allen christlichen Eltern als Pflicht obliegt"). Sie wurde 1755 auf Kosten des Collegium Medicum in der Königlichen Hofdruckerei zu Stockholm gedruckt. Benutzt habe ich in erster Linie das Exemplar der Königlich-Schwedischen Zentralbibliothek Stockholm, Signatur: Sv. Saml. Med. Förvaltn. Inst. Äldre Coll. Med. (Br.) 1700–1829. Dieselbe Bibliothek verfügt noch über ein zweites, identisches Exemplar mit der Signatur: Sv. Saml. Med. Ped. (Br.) 1700–1829. Zu Vergleichszwecken zog ich außerdem die Exemplare heran, die in je einem Stück in den Universitätsbibliotheken von Helsinki (Calonius-Naumannska Saml. A. 101.152), Uppsala (Sv. avd. Med. Sam.: Erici, Laurent. Nr. 37) und Lund (Br. Med. Pediatr.: Wolff, Valentin) aufbewahrt werden.

Die Broschüre weist keinen Verfasser auf, doch konnte als Autor Dr. med. Vallentin Wolff (1704–1770) ermittelt werden. Er war der Sohn des Regiments-Feldschers bei der Königlich-Schwedischen Garde Christian Wolff und hatte zur Zeit der Verfasserschaft die Stelle des västmanländischen Provinzialmedikus in Västerås westlich von Stockholm inne. Zwar gelang es mir nicht, die exakte Auflagenhöhe der Broschüre zu ermitteln. Gunilla Jonsson von der Königlich-Schwedischen Zentralbibliothek Stockholm – als langjährige Projektleiterin der Datenbankerfassung „Svensk bibliografi 1700–1829" derzeit wohl beste Kennerin dieser Art schwedischer Kleindrucke aus dem 18. Jahrhundert – meinte jedoch 1989, daß diese kleine Broschüre mit Propagandacharakter wohl eine Auflage von etwa zweitausend Stück gehabt haben dürfte (Kungliga Biblioteket 1989; Hjelt 1891 bis 1893).

Als äußerst lehrreich erwies sich in meinen Lehrveranstaltungen die vergleichende Lektüre einer nur wenige Jahre später erschienenen deutschen Aufklärungsschrift, die dem gleichen Ziel einer Senkung der Säuglingssterblichkeit hierzulande diente („Welch ein erschreckliches Schicksaal der Menschheit. Mehr als ein Drittel derer, die jährlich gebohren werden, müssen in den beyden ersten Jahren ihres Lebens schon wieder an Krankheiten sterben"), sich an denselben Leserkreis wandte („Mein Buch ist hauptsächlich allen Hausvätern und Hausmüttern bestimmt") und vor dem gleichen merkantilistischen Hintergrund zu sehen ist („... dadurch dem Staat eine größere Anzahl gesunder Mitbürger zu erziehen und zu erhalten"). Es handelt sich um „Johann Friedrich Zückerts der Arzneygelahrtheit Doctors Unterricht für rechtschaffene Eltern, zur diätetischen Pflege ihrer Säuglinge. Berlin: verlegts August Mylius 1764" (Zückert 1764, die Zitate aus den Seiten 4–8. Zur Einführung in die Thematik vgl. Kunze 1971.)

Als Beispiele für ausgefüllte Bevölkerungstabellen der Serien I, II und III dienten mir die Originale aus dem finnischen Probstbezirk Lohja für die Jahre 1762 und 1763. Signatur im Reichsarchiv Helsinki: Lohjan Kirkonarkisto, II Df:1, 1749–1880: 1762–1763. – Als frühes Beispiel eines schwedischen Hausverhörs-Registers zog ich die Wiedergabe des Originals für den Haushalt von Jacob Ericksson in der Gemeinde Tuna in Medelpad heran, abgedruckt bei Egil Johansson: Gå i skola hemma. In: Forskning och Framsteg (Stockholm) 5–6, 1977, 36–37. – Es sei nicht verschwiegen, daß die allgemeinen Lesekenntnisse, besonders im finnischen Reichsteil der schwedischen Monarchie im 18. Jahrhundert, unter finnischen Historikern nicht unumstritten sind. Viele erklärten mir 1989, sie hielten dies eher für einen Mythos und weniger für eine bewiesene Tatsache. – Für manches klärende Gespräch sowie Besuche und Erläuterungen an Ort und Stelle, insbesondere in Lohja, danke ich meinem Kollegen von der Universität Helsinki, Professor Yrjö Kaukiainen. Dasselbe gilt im Hinblick auf die schwedischen Hausverhörs-Register für meinen Kollegen an der Universität Umeå, Egil Johansson.

Literaturhinweis:

Bengtsson, Tommy: Mortality and Causes of Death in Västanfors Parish, Sweden, 1700–1925. In: Anders Brändström und Lars-Göran Tedebrand (Hrsg.): Society, Health and Population during the Demographic Transition. Stockholm: Almqvist and Wiksell International 1988, 461–493.

Berggren, Mats, Mats Danielsson: Tabeller. Kortfattad översikt av innehållet i databasen. Umeå: Demografiska Databasen 1989.

Brändström, Anders: „De kärlekslösa mödrarna". Spädbarnsdödligheten i Sverige under 1800-talet med särskild hansyn till Nedertorneå. Stockholm: Almqvist & Wiksell International 1984.

Danell, Christina (Red.): Demografiska Databasen vid Umeå Universitet. En presentation av verksamheten. Umeå: Demografiska Databasen 1985.

François, Etienne: Alphabetisierung und Lesefähigkeit in Frankreich und Deutschland um 1800; in: Berding, Helmut u.a.: Deutschland und Frankreich im Zeitalter der Französischen Revolution. Frankfurt: Suhrkamp 1989, 407–425.

Historisk statistik för Sverige. Del 1: Befolkning. Andra upplagan: 1720 bis 1967. Stockholm: Statistiska Centralbyrån 1969.

Hjelt, Otto Edvard August: Svenska och finska medicinalverkets historia 1663–1812. Teile 1–3. Helsinki: Helsingfors Central-Tryckeri 1891–1893.

Imhof, Arthur E.: Aspekte der Bevölkerungsentwicklung in den nordischen Ländern 1720–1750. Bern: Francke 1976.

Johannisson, Karin: Why Cure the Sick? Population Policy and Health Programs within 18th-Century Swedish Mercantilism. In: Anders Brändström und Lars-Göran Tedebrand (Hrsg.): Society, Health and Population during the Demographic Transition. Stockholm: Almqvist and Wiksell International 1988, 323–330.

Johansen, Hans Chr.: Historisk demografi og familiehistorie. In: Hans Landberg (Hrsg.): Historia i belysning. 6 perspektiv på svensk historisk forskning. Uppsala: Swedish Science Press 1988, 47–62.

Johansson, Egil: The History of Literacy in Sweden. In: Harvey J. Graff (Hrsg.): Literacy and social development in the West. A reader. Cambridge: Cambridge University Press 1981, 151–182, 328–329.

Johansson, Egil: Kyrkböckerna berättar. Stockholm: Liber 1983.

Johansson, Egil: Bokstävarnas intåg. Artiklar i folkundervisningens historia. Umeå: Forskningsarkivet vid Umeå Universitet 1988.

Köck, Christian u. a.: Risiko „Säuglingstod“ (= Schriften des Instituts für Demographie der Österreichischen Akademie der Wissenschaften, Bd. 8). Wien: Deuticke 1988.

Kungliga Biblioteket: Svensk bibliografi 1700–1829. Användarhandbok, Bde. 1–5. Stockholm: Kungliga Biblioteket 1989.

Kunze, Lydia: „Die physische Erziehung der Kinder“ – Populäre Schriften zur Gesundheitserziehung in der Medizin der Aufklärung. Diss. med. Marburg 1971.

Lithell, Ulla-Britt: Childcare – A Mirror of Women's Living Conditions. A Community Study Representing 18th and 19th Century Ostrobothnia in Finland. In: Anders Brändström und Lars-Göran Tedebrand (Hrsg.): Society, Health and Population during the Demographic Transition. Stockholm: Almqvist and Wiksell International 1988, 91–108 (vgl. auch den gesamten Band).

Maanmittaushallitus: Suomen tiekartta 1:200 000. Helsinki: Maanmittaushallitksen karttapaino 1989. [Das Blatt G2 zeigt das Gebiet um Lohja.]

Maanmittaushallituksen kartografinen toimisto: Topografinen Kartta 1:100 000. 2032+2031: Espoo; 2023: Suomusjärvi; 2014: Tammisaari; 2041: Lohja. Helsinki: Maanmittaushallitksen kivipaino 1963, 1967, 1969, 1969.

Moring, Beatrice. Infant mortality in South-Western Finland 1750–1850. In: Scandinavian Population Studies 9, 1989, 131–150.

Nordenfelt, Lennart: Causes of death. A philosophical essay. Stockholm: Forskningsrådsnämnden 1983.

Norman, Hans, John Rogers (Hrsg.): Meddelanden från Familjehistoriska projektet, Historiska institutionen, Uppsala universitet, 1–8, 1980–1989. – Diese familiengeschichtliche Forschergruppe an der schwedischen Universität Uppsala bemüht sich seit Jahren um die Klarlegung der familiären Entwicklung in allen fünf nordischen Ländern. Bisher liegen acht

Bände mit Ergebnissen vor; behandelter Zeitraum hauptsächlich: 1650 bis 1950.
Nyström, Eva: Den svenska dödsorsaksstatistikens framväxt och tidiga historia. In: Lennart Nordenfelt (Hrsg.): Hälsa, sjukdom, dödsorsak. Studier i begreppens teorie och historia. Malmö: Liber 1986, 107–133.
Sundin, Jan (Hrsg.): Kontroll och kontrollerade. Formell och informell kontroll i ett historiskt perspektiv. Umeå: Historiska Institutionen 1982.
Tedebrand, Lars-Göran: Historia. Norrländsk och annan. Umeå: Johan Nordlander-sällskapet 1989.
Zückert, Johann Friedrich: Unterricht für rechtschaffene Eltern, zur Pflege ihrer Säuglinge. Berlin: Mylius 1764.

Zu 5. Zürich, 1988

Die Vergleiche beziehen sich auf (a) Thronende Gottesmutter mit Erzengeln. Konstantinopel, Mitte 6. Jahrhundert. Elfenbeinrelief, Höhe 29 cm – Breite 12,7 cm. Schriftstreifen unten abgeschnitten; die Rahmenleiste an der Innenseite oben abgeschrägt. Erworben vor 1821 für die Königliche Kunstkammer. Heutiger Standort: Skulpturengalerie der Staatlichen Museen Preußischer Kulturbesitz Berlin-Dahlem. Rechte Hälfte eines Diptychons. Links ist ‚Christus als neuer Himmelskaiser, dargestellt. – (b) Muttergottes des Presbyter Martinus. Madonna als „Sedes Sapientiae". Mittelitalien, 1199. Pappelholz mit ursprünglicher Fassung, Höhe 184 cm – Breite 54 cm. Heutiger Standort: Skulpturengalerie der Staatlichen Museen Preußischer Kulturbesitz Berlin-Dahlem. Auf dem vielteilig profilierten Sockel der Gruppe ist die Inschrift angebracht: „A.D.M.C.L.X.X.X.X.V.IIII. MENSE GENVARII / IN GREMIO MATRIS FULGET SAPIENTIA PATRIS / FACTUM E[st] AUTE[m] H[oc] OPUS MIRABILE. DONNI [= domini] PETRI AB[b] ATIS TEMPORE / PRESBITERI MARTINI LABORE. DEVOTO MINISTRATO AMORE" (zu deutsch: ‚Im Jahre des Herrn 1199, im Monat Januar. Im Schoße der Mutter leuchtet die Weisheit des Vaters. Geschaffen wurde dieses wunderbare Werk zur Zeit des Abtes Petrus, durch die Arbeit des Presbyter Martinus in hingebungsvoll dienender Liebe,).

Hierzu meinte der Direktor der Skulpturengalerie: „Kaum ein zweites Mal ist einem Bildwerk des frühen Mittelalters eine solche Fülle von Hinweisen beigegeben. Wir erfahren hier nicht nur den Namen des Mönches, der die Skulptur schuf, sondern auch das Jahr der Entstehung und den Auftraggeber. Petrus dürfte Abt des Camaldulenserklosters zu Borgo San Sepolcro in Mittelitalien gewesen sein, wo Wilhelm von Bode im Jahre 1887 die Madonna erwarb. Daß der Stifter sich seines gottwohlgefälligen Werkes rühmte, ist in dieser Zeit nicht selten; ungewöhnlicher schon, wenn auch der ausführende Künstler solcher Ehre teilhaftig wurde. Daß überdies ein exaktes Datum genannt wird, macht die Schöpfung des Presbyter Martinus zu einem Fixpunkt der kunsthistorischen Forschung. Vor allem aber erfahren wir etwas von der Deutung und Bedeutung, die ein solches Marienbild für die Zeitgenossen hatte: Im Schoße der Mutter leuchtet die Weisheit des Vaters. Auch hier ist Maria noch nicht um ihrer selbst willen dargestellt, als gleichgewichtiger mütterlicher Part, sondern dienend als Thronsitz, den sich die Gottheit erwählt hat. Ihre Funktion als ‚Sitz der Weisheit' oder ‚Sedes Sapientiae', wie dieser Bildtyp später benannt wurde, wird durch die beiden Löwen sinnfällig, die das Fußbrett tragen. Sie spielen auf den von Löwen umstellten Salomonischen Thron an, auf dem nun der Salomon des Neuen Bundes, Christus selbst, Platz genommen hat" (Bloch 1984, 6–11, 53).

Literaturhinweis (vgl. auch die Literaturhinweise zur ersten Geschichte):

Baier-Futterer, Ilse: Die Bildwerke der Romanik und Gotik (= Kataloge des Schweizerischen Landesmuseum in Zürich). Zürich: Schweizerisches Landesmuseum 1936.

Baum, Julius: Romanische Marienbilder im Schweizerischen Landesmuseum. In: Anzeiger für Schweizerische Altertumskunde, Neue Folge 27, 1925, 215–227.

Beck, Herbert: Liebieghaus-Museum alter Plastik. Führer durch die Sammlungen. Bildwerke des Mittelalters I. Frankfurt am Main: Liebieghaus 1980.

Bieg, Renate: Nikopoia aus Raron: ein romanisches Marienbild aus dem Wallis. Hauptseminar-Arbeit am Fachbereich Geschichtswissenschaften der Freien Universität Berlin, Sommersemester 1989.

Bloch, Peter: Kölner Madonnen. Die Muttergottes in der Kölner Bildnerei des Mittelalters. Mönchengladbach: Kühlen 1961.

Bloch, Peter: Die Muttergottes auf dem Löwen. In: Jahrbuch der Berliner Museen – Jahrbuch der Preußischen Kunstsammlungen, Neue Folge 12, 1970, 253–294.

Bloch, Peter: Madonnenbilder. 2. überarbeitete Auflage. Berlin: Staatliche Museen Preußischer Kulturbesitz 1984.

Bouffard, Pierre: Vierges romanes et gothiques du Valais. In: Genava, Nouvelle série 1, 1953, 11–19.

Brachert, Thomas: Drei romanische Marienbilder aus der Schweiz. In: Schweizerisches Institut für Kunstwissenschaft, Jahresbericht 1964 (Zürich 1965), 53–87.

Carlen, Louis (Fotos J.M. Biner): Kultur des Wallis im Mittelalter. Brig: Rotten 1981.

Carli, Enzo: La scultura lignea italiana dal XII al XVI secolo. Mailand: Electa 1960.

Delius, Walter: Geschichte der Marienverehrung. München: Reinhardt 1963.

Dubuis, Pierre: Démographie et peuplement dans le diocèse de Sion au Moyen Age. In: Schweizerische Zeitschrift für Geschichte 29, 1979, 144 bis 158.

Elbern, Victor H. (Red.): Christus und Maria. Menschensohn und Gottesmutter (= Katalog zur Ausstellung anläßlich des 86. Deutschen Katholikentages 1980 im Zusammenhang mit der Ausstellung „Bilder vom Menschen in der Kunst des Abendlandes“ zum 150jährigen Jubiläum der Preußischen Museen Berlin 1830–1980). Berlin: Staatliche Museen Preußischer Kulturbesitz und Gebr. Mann Verlag 1980.

Forsyth, Ilene H.: The Throne of Wisdom. Wood Sculptures of the Madonna in Romanesque France. Princeton: Princeton University Press 1972.

Francovich, Géza de: A romanesque school of wood carvers in central Italy. In: The Art Bulletin 19, 1937, 5–57.

Futterer, Ilse: Gotische Bildwerke der deutschen Schweiz 1220–1440. Augsburg: Benno Filser 1930.

Gantner, Joseph, Adolf Reinle: Kunstgeschichte der Schweiz. Von den Anfängen bis zum Beginn des 20. Jahrhunderts. Erster Band: Von den helvetisch-römischen Anfängen bis zum Ende des romanischen Stils. Zweite Auflage unter Benützung der ersten Auflage (1936) von Joseph Gantner. Frauenfeld: Huber 1968. (Vgl. unten auch unter Reinle, Adolf).

Ghika, Grégoire: Sur le culte de la Sainte Vierge Marie en Valais. In: Annales Valaisannes 26, 1951, 414–432.

Gysin, Fritz: Holzplastik vom 11. bis zum 14. Jahrhundert aus dem schweizerischen Landesmuseum (= Der Hochwächter 14, 1958, Nr. 11). Zürich-Bern: Hochwächter-Bücherei 1958.

Hamann, Richard: Die Salzwedeler Madonna. In: Marburger Jahrbuch für Kunstwissenschaft 3, 1927, 77–144, sowie Tafeln XXVIII–LXIII.

Heiler, Friedrich: Die Madonna als religiöses Symbol. In: Eranos-Jahrbuch, (Zürich) 1934, 263–303.

Hoppeler, R. R.: Beiträge zur Geschichte des Wallis im Mittelalter. Zürich: Orell Füssli 1897.

Horat, Heinz: Kunsthistorisches Inventar des Dorfkerns von Naters. In: Vallesia (Jahrbuch der Walliser Kantonsbibliothek, des Staatsarchivs und der Museen von Valeria und Majoria) 34, 1979, 289–342.

Imesch, Dionys: Die Gründung der Pfarreien, Pfründen und frommen Stiftungen des Oberwallis. In: Blätter aus der Walliser Geschichte 3, 1904, 247–273.

Jürgensen, Frank: Die „Stile“ und der „Umkreis“ der Maximianskathedra in Ravenna. Deutungen formaler Sachverhalte an frühchristlich-byzantinischen Elfenbeinschnitzereien. Diss. phil. Universität Hamburg 1972.

Kauertz, Alfred Gottfried: Die Medizin im Wallis bis zum Ausgang des 19. Jahrhunderts. In: Gesnerus 36, 1979, 50–54.

Kretzenbacher, Leopold: Das verletzte Kultbild. Voraussetzungen, Zeitschichten und Aussagewandel eines abendländischen Legendentypus (= Bayerische Akademie der Wissenschaften, Philosophisch-historische Klasse, Sitzungsberichte, Jahrgang 1977, Heft 1). München: Verlag der Bayerischen Akademie der Wissenschaften 1977.

Kretzenbacher, Leopold: Schutz- und Bittgebärden der Gottesmutter. Zu Vorbedingungen, Auftreten und Nachleben mittelalterlicher Fürbitte-Gesten zwischen Hochkunst, Legende und Volksglauben (= Bayerische Akademie der Wissenschaften, Philosophisch-historische Klasse, Sitzungsberichte, Jahrgang 1981, Heft 3). München: Verlag der Bayerischen Akademie der Wissenschaften 1981.

Kretzenbacher, Leopold: Wortbegründetes Typologie-Denken auf mittelalterlichen Bildwerken. Zur Ecclesia-Synagoga-Asasel (Sündenbock-)-Szenerie unter dem „Lebenden Kreuz" des Meisters Thomas von Villach, um 1475 (= Bayerische Akademie der Wissenschaften, Philosophisch-historische Klasse, Sitzungsberichte, Jahrgang 1983, Heft 3). München: Verlag der Bayerischen Akademie der Wissenschaften 1983.

Lasareff, Victor: Studies in the Iconography of the Virgin. In: The Art Bulletin 20, 1938, 26–65.

Lehmann, Hans: Raron und einige seiner Altertümer aus dem Mittelalter im Schweizerischen Landesmuseum. In: 33. Bericht des Schweizerischen Landesmuseums, (Zürich) 1924, 56–83.

Müller, Iso P.: Zur Entstehung der Pfarreien im Wallis. In: Vallesia 22, 1967, 5–69.

Niederer, Arnold: Gemeinwerk im Wallis (= Diss. phil. Zürich; = Schriften der Schweizerischen Gesellschaft für Volkskunde, Bd. 37). Basel: Krebs 1956.

Reinle, Adolf: Kunstgeschichte der Schweiz. Erster Band: Von den helvetisch-römischen Anfängen bis zum Ende des romanischen Stils. Zweite Auflage unter Benützung der ersten Auflage (1936) von Joseph Gantner. Frauenfeld: Huber 1968.

Rendtel, Constanze: Hochmittelalterliche Mirakelberichte als Quelle zur Sozial- und Mentalitätsgeschichte und zur Geschichte der Heiligenverehrung untersucht an Texten insbesondere aus Frankreich. Diss. phil. FU Berlin 1982. Düsseldorf (ohne Verlagsangabe): 1985.

Roten, Raphael von: Von alten Häusern in der Gemeinde Raron. In: Vallesia 11, 1956, 83–106.

Roth, Helmut: Kunst und Handwerk im frühen Mittelalter. Archäologische Zeugnisse von Childerich I. bis zu Karl dem Großen. Stuttgart: Konrad Theiss 1986.

Rüdisühli, Kaspar: Studien zur Kulturgeographie des Unteren Goms (Wallis); Bellwald, Fiesch, Fieschertal (= Diss. phil. Basel = Basler Beiträge zur Geographie, Heft 13). Basel: Bopp 1970.

Ruppen, Walter: Die Kunstdenkmäler des Kantons Wallis; Band I: Das Obergoms – Die ehemalige Großpfarrei Münster; Band II: Das Untergoms – Die ehemalige Großpfarrei Ernen (= Die Kunstdenkmäler der Schweiz, Bände 64 und 67). Basel: Birkhäuser (I) 1976, (II) 1979.

Ruppen, Walter: Der spätgotische Nothelferaltar in Ernen. Brig-Visp: Rotten 1979.

Sauser, E.: Theologische und kunstgeschichtliche Überlegungen zum Bilde

der Gottesmutter von der frühchristlichen bis zur romanischen Zeit. In: Zeitschrift für katholische Theologie 93, 1971, 385–417.
Schiller, Gertrud, unter Mitwirkung von Klaus Wessel: Ikonographie der christlichen Kunst; Band 4,2: Maria. Gütersloh: Gütersloher Verlagshaus 1980.
Schmedding, Brigitta: Romanische Madonnen der Schweiz. Holzskulpturen des 12. und 13. Jahrhunderts (= Scrinium Friburgense; Veröffentlichungen des mediaevistischen Instituts der Universität Freiburg Schweiz, Bd. 4). Freiburg (Schweiz): Universitätsverlag 1974.
Schmid, Alfred: Beiträge zur Kunstgeschichte Rarons im Mittelalter. In: Alfred A. Schmid (Red.): Raron. Burg und Kirche. Basel: Birkhäuser 1972, 89–111.
Schmidt, Heinrich und Margarethe: Die vergessene Bildersprache christlicher Kunst. Ein Führer zum Verständnis der Tier-, Engel- und Mariensymbolik. München: Beck 1981.
Schweizerisches Landesmuseum Zürich: Restaurationsbericht März 1972 zur Inventar-Nummer LM 16545: „Thronende Maria mit Kind. Romanische Madonna aus Raron, Kanton Wallis, um 1150. Lindenholz, Höhe 90 cm"; 6 Seiten, unveröffentlicht.
Steenbock, Frauke: Der kirchliche Prachteinband im Frühen Mittelalter. Von den Anfängen bis zum Beginn der Gotik. Berlin: Deutscher Verlag für Kunstwissenschaft 1965.
Volbach, Wolfgang Fritz: Elfenbeinarbeiten der Spätantike und des Frühen Mittelalters. Dritte völlig neu bearbeitete Auflage. Mainz: von Zabern 1976.
Weitzmann, Kurt (Ed.): Age of Spirituality. Late Antique and Early Christian Art, Third to Seventh Century. Catalogue of the exhibition at The Metropolitan Museum of Art, November 19, 1977, through February 12, 1978. New York: The Metropolitan Museum of Art in Association with Princeton University Press 1979.
Wüthrich, Lucas (Konservator am Schweizerischen Landesmuseum Zürich, Ressort Skulpturen): Schriftliche Auskünfte zur Madonna von Naters (LM 7203) und zur Madonna aus Raron (LM 16545), 26. Juli 1988.

Verzeichnis der Abbildungen

Alle Abbildungen in diesem Buch sind Strich-Nachzeichnungen. Bei ihrer Fertigstellung halfen mir Gabriele Giesecke, Marion Klinke, Karin Plichta, Gert Schulze und Rita Weinknecht. Für die erwiesene Geduld und die anspornende Sorgfalt schulde ich ihnen ein großes Dankeschön.

Die folgenden Angaben beziehen sich jedoch stets auf die zugrunde liegenden Originale. In den Jahren 1987–1989 waren mehrere Orte für Gastvorträge so günstig gelegen, daß ich sie alle noch einmal an Ort und Stelle studieren und Forschungsprobleme mit Fachleuten besprechen konnte. Auch in diesem Zusammenhang bin ich einem großen Kreis von Personen zu Dank verpflichtet. Namentlich nennen möchte ich: Urs Boschung und Beatrix Mesmer, Bern; Urs Altermatt und Meinrad Perrez, Fribourg; Alfred Perrenoud, Genf; Helmut Fend, Max Furrer, Hans-Joachim Hoffmann-Nowotny und Arnold Niederer, Zürich; Josef Mast, Freiburg; Dietmar Rothermund und Volker Sellin, Heidelberg; Notker Hammerstein, Frankfurt; Peter Meisenberg, Köln; Parviz Khalatbari und Helga Schultz, Ostberlin; Kees C.P.M. Knipscheer, Amsterdam; Anne S. Korteweg, Den Haag; Bengt I. Lindskog, Kopenhagen; Gunnar Fridlizius, Tommy Bengtsson, Rolf Ohlsson, Hans Moëll, Nils-Arvid Bringéus, Lund; Jan Sundin, Lena Johannesson, Lennart Nordenfelt, Linköping; Rolf Adamson, Ulf Jonsson und Johan Söderberg, Stockholm; Karin Johannisson und Tore Frängsmyr, Uppsala; Sune Åkerman, Anders Åman, Anders Brändström, Egil Johansson und Lars-Göran Tedebrand, Umeå; Eino Jutikkala, Yrjö Kaukiainen und Hannu Soikkanen, Helsinki; Raimo Pullat, Kärt Jänes und Jüri Kuuskemaa, Tallinn. Ich weiß, was ich ihrer Hilfsbereitschaft, ihren Kenntnissen, ihren Interessen und nicht zuletzt ihrer wohlwollenden Kritik schulde. Die fünf Geschichten mögen einfach klingen; ihre Inhalte sind es nicht. Einfach kann man etwas aber erst dann sagen, wenn man zuvor sehr viel Belehrung erfahren hat.

Abb. 1: Thronende Muttergottes mit Kind. Romanische Madonna aus Naters, Kanton Wallis, erstes Viertel des 13. Jahrhunderts. Gehöhlte Nußbaum- bzw. Ahornholzfigur, Höhe 96 cm. Heutiger Standort: Schweizerisches Landesmuseum Zürich. Die Statue wurde 1903 aus der Kirche in Naters erworben. – Nachzeichnung.

Abb. 2: Kölner Meister, Die Familie des Stifters. Um 1410–1420. Eichenholz, 15 × 15 cm. Gemäldegalerie Dahlem; Staatliche Museen Preußischer Kulturbesitz Berlin (West). Es handelt sich um das letzte von 35 Bildfeldern der Tafel ‚Das Leben Christi' (vgl. Abb. 3). – Nachzeichnung.

Abb. 3: Kölner Meister, Das Leben Christi. Um 1410–1420. Eichenholz, 82 × 111 cm, jedes Bildfeld 15 × 15 cm. Gemäldegalerie Dahlem; Staatliche Museen Preußischer Kulturbesitz Berlin (West). In 34 Feldern wird das Leben und Wirken Christi geschildert, angefangen mit der Verkündigung an Maria über die Passion und sein Erscheinen nach dem Tod bis zum Jüngsten Gericht. Auf dem letzten Feld ist der Stifter mit seiner Frau und zwei Töchtern zu sehen (vgl. Abb. 2). – Nachzeichnung.

Abb. 4: Einwohnerzahl Kölns im 15. Jahrhundert (‚etwa 30000') und Mitte 1986 (914000).
Quellen: Albert d'Haenens (Hrsg.): Die Welt der Hanse. Antwerpen: Mercatorfonds und Genf: Weber 1984, 48; Statistisches Jahrbuch 1987 für die Bundesrepublik Deutschland. Stuttgart: Kohlhammer 1987, 55.

Abb. 5: Meister des Hausbuches, Abendmahl. Letztes Viertel des 15. Jahrhunderts. Holz, 130,5 × 75,6 cm. Staatliche Museen zu Berlin, Bode-Museum, Berlin (Ost). Außenseite des rechten Flügels eines Passionsaltars (vgl. auch die Abb. 13B unten). – Nachzeichnung, oben und unten etwas beschnitten.

Abb. 6: Meister Bertram (in oder bei Minden in Westfalen um 1340 – Hamburg 1414/1415), Höllenfahrt Christi. 1394 wahrscheinlich für die Sankt-Petrikirche in Hamburg geschaffen. Tempera (und Goldgrund) auf Eiche, 51,5 × 51 cm incl. Originalrahmen. Niedersächsisches Landesmuseum Hannover. Dreizehnte Szene aus einem Passionsaltar. – Nachzeichnung.

Abb. 7: Anonymer Augsburger Meister, Auferstehung der Toten. Illustration aus dem ‚Berliner Weltgerichtsspiel', einem reich bebilderten Lesetext aus dem Jahre 1482. 12,3 × 15 cm. Handschriftenabteilung der Staatsbibliothek Preußischer Kulturbesitz Berlin (West). Signatur: MS.GERM. FOL.722, Fol. 14 v°. – Nachzeichnung.
Die in einer Augsburger Werkstatt entstandene Handschrift umfaßt insgesamt 41 Blätter in Folioformat 19,5 × 30,5 cm mit 1510 einspaltigen Versen. Im Text eingestreut sind 53 Illustrationen. Es handelt sich um kräftige, wenig schraffierte Federzeichnungen, in warmem Kolorit vorwiegend mit Wasserfarben bemalt und mit 4 mm dicken Strichen kräftig rot gerahmt.

Abb. 8: Meister des Hausbuches, Die Fußwaschung der Apostel. Um 1475–80. Holz, 131 × 75,6 cm. Gemäldegalerie Dahlem der Staatlichen Museen Preußischer Kulturbesitz Berlin (West). Außenseite des linken Flügels eines Passionsaltars (vgl. auch die Abb. 13A unten). – Nachzeichnung.

Abb. 9: Meister des Hausbuches, Ecce Homo! Letztes Viertel des 15. Jahrhunderts. Holz, 130,5 × 75,6 cm. Augustinermuseum Freiburg i.Br. Innenseite des linken Flügels eines Passionsaltars (vgl. auch die Abb. 13D unten). – Nachzeichnung.

Abb. 10: Meister des Hausbuches, Christus vor Kaiphas. Letztes Viertel des 15. Jahrhunderts. Durch den Türausschnitt Blick auf die Nebenszene im Freien: in mondheller Nacht wärmen sich Gestalten am offenen Feuer; Petrus verleugnet seinen Herrn. Letztes Viertel des 15. Jahrhunderts. Holz, 130,5 × 75,6 cm. Augustinermuseum Freiburg i.Br. Rechter Standflügel eines Passionsaltars (vgl. auch die Abb. 13C unten). – Nachzeichnung.

Abb. 11: Meister des Hausbuches, Kreuzigung. Letztes Viertel des 15. Jahrhunderts. Holz, 130,5 × 173 cm. Augustinermuseum Freiburg i.Br. Mittelflügel eines Passionsaltars (vgl. auch die Abb. 13E unten). – Nachzeichnung.

Abb. 12: Meister des Hausbuches, Auferstehung Christi. Letztes Viertel des 15. Jahrhunderts. Holz, 131,7 × 76,6 cm. Städelsches Kunstinstitut, Frankfurt am Main. Innenseite des rechten Flügels (vgl. auch die Abb. 13F unten). – Nachzeichnung.

Abb. 13: Meister des Hausbuches, Passionsaltar, sogenannter ‚Speyerer Altar'. Letztes Viertel des 15. Jahrhunderts. Holz. – Nachzeichnungen.
Oben : Geschlossener Zustand (alle Teile ohne Goldgrund):
O: Linker Standflügel: verloren; vielleicht „Einzug in Jerusalem" (jedenfalls eine Handlung vor der Fußwaschung).
A: Wie Abb. 8.
B: Außenseite des rechten Flügels: Abendmahl. Staatliche Museen zu Berlin, Bode-Museum, Berlin (Ost). 130,5 × 75,6 cm.
C: Wie Abb. 10.
Unten: Geöffneter Zustand (alle Teile mit Goldgrund, in der Nachzeichnung gepunktet):
D: Wie Abb. 9.
E: Wie Abb. 11.
F: Wie Abb. 12.

Abb. 14: Ars moriendi: Versuchung im Glauben. Blockbuch ‚Ars Moriendi'. Blattformat: 28,2 × 18,7 cm, Bildformat: ca. 22,0 × 15,2 cm, Blatt-Buchstabe b. Handschriftenabteilung der Staatsbibliothek Preußischer Kulturbesitz Berlin, Signatur: Libri impr. rar. fol. 142, Sekr. IX (vgl. auch Abb. 25). – Nachzeichnung unter Weglassung der Spruchbänder.

Abb. 15: Ars moriendi. Ermutigung im Glauben. Blockbuch ‚Ars moriendi'. Blattformat: 28,2 × 18,7 cm, Bildformat: ca. 22,0 × 15,2 cm, Blatt-Buchstabe c. Handschriftenabteilung der Staatsbibliothek Preußischer Kulturbesitz Berlin, Signatur: Libri impr. rar. fol. 142, Sekr. IX (vgl. auch Abb. 25). – Nachzeichnung unter Weglassung der Spruchbänder.

Abb. 16: Ars moriendi: Versuchung durch Verzweiflung. Blockbuch ‚Ars moriendi'. Blattformat: 28,2 × 18,7 cm, Bildformat: ca. 22,0 × 15,2 cm, Blatt-Buchstabe d. Handschriftenabteilung der Staatsbibliothek Preußischer Kulturbesitz Berlin, Signatur: Libri impr. rar. fol. 142, Sekr. IX (vgl. auch Abb. 25). – Nachzeichnung unter Weglassung der Spruchbänder.

Abb. 17: Ars moriendi: Trost durch Zuversicht. Blockbuch ‚Ars moriendi'. Blattformat: 28,2 × 18,7 cm, Bildformat: ca. 22,0 × 15,2 cm, Blatt-Buchstabe e. Handschriftenabteilung der Staatsbibliothek Preußischer Kulturbesitz Berlin, Signatur: Libri impr. rar. fol. 142, Sekr. IX (vgl. auch Abb. 25). – Nachzeichnung unter Weglassung der Spruchbänder.

Abb. 18: Ars moriendi: Versuchung durch Ungeduld. Blockbuch ‚Ars moriendi'. Blattformat: 28,2 × 18,7 cm, Bildformat: ca. 22,0 × 15,2 cm, Blatt-Buchstabe h. Handschriftenabteilung der Staatsbibliothek Preußischer Kulturbesitz Berlin, Signatur: Libri impr. rar. fol. 142, Sekr. IX (vgl. auch Abb. 25). – Nachzeichnung unter Weglassung der Spruchbänder.

Abb. 19: Ars moriendi: Trost durch Geduld. Blockbuch ‚Ars moriendi'. Blattformat: 28,2 × 18,7 cm, Bildformat: ca. 22,0 × 15,2 cm, Blatt-Buchstabe i. Handschriftenabteilung der Staatsbibliothek Preußischer Kulturbesitz Berlin, Signatur: Libri impr. rar. fol. 142, Sekr. IX (vgl. auch Abb. 25). – Nachzeichnung unter Weglassung der Spruchbänder.

Abb. 20: Ars moriendi: Versuchung durch Hochmut. Blockbuch ‚Ars moriendi'. Blattformat: 28,2 × 18,7 cm, Bildformat: ca. 22,0 × 15,2 cm, Blatt-Buchstabe k. Handschriftenabteilung der Staatsbibliothek Preußischer Kulturbesitz Berlin, Signatur: Libri impr. rar. fol. 142, Sekr. IX (vgl. auch Abb. 25). – Nachzeichnung unter Weglassung der Spruchbänder.

Abb. 21: Ars moriendi: Trost durch Demut. Blockbuch ‚Ars moriendi'. Blattformat: 28,2 × 18,7 cm, Bildformat: ca. 22,0 × 15,2 cm, Blatt-Buchstabe l. Handschriftenabteilung der Staatsbibliothek Preußischer Kulturbesitz Berlin, Signatur: Libri impr. rar. fol. 142, Sekr. IX (vgl. auch Abb. 25). – Nachzeichnung unter Weglassung der Spruchbänder.

Abb. 22: Ars moriendi: Versuchung durch irdische Güter. Blockbuch ‚Ars moriendi'. Blattformat: 28,2 × 18,7 cm, Bildformat: ca. 22,0 × 15,2 cm, Blatt-Buchstabe f. Handschriftenabteilung der Staatsbibliothek Preußischer Kulturbesitz Berlin, Signatur: Libri impr. rar. fol. 142, Sekr. IX (vgl. auch Abb. 25). – Nachzeichnung unter Weglassung der Spruchbänder.

Abb. 23: Ars moriendi: Trost durch Abwendung vom Irdischen. Blockbuch ‚Ars moriendi'. Blattformat: 28,2 × 18,7 cm, Bildformat: ca. 22,0 × 15,2 cm, Blatt-Buchstabe g. Handschriftenabteilung der Staatsbibliothek Preußischer Kulturbesitz Berlin, Signatur: Libri impr. rar. fol. 142, Sekr. IX (vgl. auch Abb. 25). – Nachzeichnung unter Weglassung der Spruchbänder.

Abb. 24: Ars moriendi: Die Todesstunde. Blockbuch ‚Ars moriendi'. Blattformat: 28,2 × 18,7 cm, Bildformat: ca. 22,0 × 15,2 cm, Blatt-Buchstabe m. Handschriftenabteilung der Staatsbibliothek Preußischer Kulturbesitz Berlin, Signatur: Libri impr. rar. fol. 142, Sekr. IX (vgl. auch Abb. 25). – Nachzeichnung unter Weglassung der Spruchbänder.

Abb. 25: Die elf Illustrationen aus dem Blockbuch ‚Ars moriendi'. Blattformat: 28,2 × 18,7 cm, Bildformat: ca. 22,0 × 15,2 cm. Handschriftenabteilung der Staatsbibliothek Preußischer Kulturbesitz Berlin, Signatur: Libri impr. rar. fol. 142, Sekr. IX. – Der Einbandtext lautet: „Im Ganzen vier u. zwanzig Blätter. ‚Dies Exemplar ist ein anderer Druck als das jetzt im British Museum befindliche, vormals Weigelsche Exemplar der Ars moriendi (edited by W.H. Rylands, for the Holbein Society, London 1881, 4° An 4515). Auch das Exemplar des Königl. Kupferstichcabinets in Berlin ist verschieden sowohl von diesem Exemplar wie von dem des British Museum'. Eintragung: Donum Friderici Wilhelmi IV / Regis Augustissimi / Die 15. Sept. 1847 / Ex. Biblioth. Steph. Mejan Comitis" (vgl. auch die Abb. 14–23). – Nachzeichnungen unter Weglassung der Spruchbänder.
Die Abfolge der elf Ars moriendi-Bilder ist im Prinzip:
(1a – 1b): Versuchung im Glauben – Ermutigung im Glauben
(2a – 2b): Versuchung durch Verzweiflung – Trost durch Zuversicht
(3a – 3b): Versuchung durch Ungeduld – Trost durch Geduld
(4a – 4b): Versuchung durch Hochmut – Trost durch Demut
(5a – 5b): Versuchung durch zeitliche Güter – Trost durch Abwendung vom Irdischen
(6): Die Todesstunde
oder durchgezählt von 1–11:
Bild 1: Versuchung im Glauben
Bild 2: Ermutigung im Glauben
Bild 3: Versuchung durch Verzweiflung
Bild 4: Trost durch Zuversicht
Bild 5: Versuchung durch Ungeduld
Bild 6: Trost durch Geduld
Bild 7: Versuchung durch Hochmut
Bild 8: Trost durch Demut
Bild 9: Versuchung durch zeitliche Güter
Bild 10: Trost durch Abwendung vom Irdischen
Bild 11: Die Todesstunde

Im Berliner Blockbuch weicht die Abfolge jedoch von der sonst üblichen Reihung ab. Um Verwirrung zu vermeiden, habe ich im Anschluß an die Nachzeichnung der Illustrationen die Reihung reorganisiert und dem üblichen Schema angepaßt.

Abb. 26: „Späda Barns Nödiga Ans och Skötsel, Alla Christeliga Föräldrar åliggande" (zu deutsch: „Über die notwendige Pflege und Behandlung von Neugeborenen, so wie sie allen christlichen Eltern als Pflicht obliegt"). Titelblatt einer 16seitigen Aufklärungsbroschüre des Königlich-Schwedischen Collegium Medicum. Sie wurde 1755 auf Kosten des Collegium Medicum in der Königlichen Hofdruckerei zu Stockholm in Fraktur gedruckt und als schmales Quartbändchen geheftet. Benutzt habe ich in erster Linie das Exemplar der Königlich-Schwedischen Zentralbibliothek Stockholm, Signatur: Sv. Saml. Med. Förvaltn. Inst. Äldre Coll. Med. (Br.) 1700–1829.

Abb. 27: Thronende Muttergottes mit Kind. Romanische Madonna aus Raron, Kanton Wallis, um 1150. Lindenholz, Höhe 90 cm. Heutiger Standort: Schweizerisches Landesmuseum Zürich. Die Statue wurde 1924 aus dem Beinhaus der Kirche von Raron erworben. – Nachzeichnung.

Buchanzeigen

Werke zur Kulturgeschichte

Richard van Dülmen
Kultur und Alltag in der frühen Neuzeit
Band 1: Das Haus und seine Menschen
16. bis 18. Jahrhundert
1990. 316 Seiten mit 64 Abbildungen. Leinen

Uwe Schultz (Hrsg.)
Das Fest
Eine Kulturgeschichte von der Antike bis zur Gegenwart
1988. 463 Seiten mit 34 Abbildungen. Gebunden

Richard Alewyn
Das große Welttheater
Die Epoche der höfischen Feste
Nachdruck 1989 der 2., erweiterten Auflage
136 Seiten mit 20 Abbildungen auf 16 Tafeln. Paperback
(Beck'sche Reihe Band 389)

Hansjörg Küster
Wo der Pfeffer wächst
Ein Lexikon zur Kulturgeschichte der Gewürze
1987. 318 Seiten. Gebunden

Karl S. Guthke
Letzte Worte
1990. 225 Seiten. Gebunden

Verlag C. H. Beck München